Helmut Henne
mit herzlichem Dank
und Gruß!
Wilfried Barner

Kleine Schriften zur Aufklärung
HERAUSGEGEBEN VON DER LESSING-AKADEMIE
WOLFENBÜTTEL

10

WILFRIED BARNER

Goethe und Lessing
Eine schwierige Konstellation

LESSING-AKADEMIE · WOLFENBÜTTEL
WALLSTEIN VERLAG · GÖTTINGEN

REDAKTION: HELMUT BERTHOLD · LESSING-AKADEMIE

Die Deutsche Bibliothek – CIP-Einheitsaufnahme

Barner, Wilfried:
Goethe und Lessing :
Eine schwierige Konstellation / Wilfried Barner.
Lessing-Akademie Wolfenbüttel. –
Göttingen : Wallstein-Verl., 2001
(Kleine Schriften zur Aufklärung; 10)
ISBN 3-89244-408-0
NE: GT

© Wallstein Verlag, Göttingen 2001
www.wallstein-verlag.de
Vom Verlag gesetzt aus der Times Antiqua
Druck: Hubert & Co, Göttingen
ISBN 3-89244-408-0

GOETHE UND LESSING*

Am 20. Februar 1781 gelangt an Goethe in Weimar, während einer an äußeren Ereignissen recht ruhigen Periode, die Nachricht von Lessings Tod: fünf Tage zuvor, am 15. Februar, in Braunschweig.[1] Am gleichen Tag noch schreibt er an Charlotte von Stein: »Mir hätte nicht leicht etwas fatalers begegnen können als daß Lessing gestorben ist. Keine viertelstunde vorher eh die Nachricht kam macht ich einen Plan ihn zu besuchen. Wir verliehren viel viel an ihm, mehr als wir glauben.«[2] Der Wortlaut ist, vergleicht man ihn mit anderen Reaktionen Goethes auf den Tod bedeutender Zeitgenossen, auffallend vage, fast ausweichend. »Wir verliehren viel viel an ihm, mehr als wir glauben« – das läßt sich in dieser Unbestimmtheit gewiß von manchem anderen, auch Geringeren, ebenso sagen: daß man den Verlust vielleicht noch unterschätzt. Und das »mehr als wir glauben« deutet für's Bisherige gar eine Reserve an, jedenfalls keine voll überzeugte Hochschätzung. Noch wenige Wochen später, in einem Brief an Lavater, lautet es auf ähnliche Weise dehnbar: »Lessings Tod hat mich sehr zurückgesetzt, ich hatte viel Freude an ihm, und viel Hoffnung auf ihn.«[3] Worauf wohl mochte sich diese »Hoffnung« gerichtet haben?[4] Und schließlich das anscheinend Eindeutigste, nochmals im Brief an Charlotte: das Benennen einer zufälligen, sozusagen höheren Eingebung gerade eine Viertelstunde zuvor, des plötzlichen Plans, Lessing endlich zu besuchen – das klingt nach etwas wie einem Versäumnis, aber sonst nicht gerade eminent plausibel.

Wie immer man Goethes Äußerungen zu Lessings Ableben des näheren deuten mag, es stellt sich bei unserem Thema nicht zunächst die Frage nach Psychologie, auch nicht nur nach dem biographischen Voraussetzungsrahmen, sondern es geht zuvörderst um die historische Konfiguration.[5] Die beiden großen ›Nationalautoren‹ des 18. Jahrhunderts[6] neben Schiller, die ›Erzieher‹ ihrer Epoche, die Schöpfer eines neuen Dramas im Zeichen Shakespeares, die

Verfasser der wegweisenden sogenannten Humanitätsdramen *Nathan*, *Iphigenie*, *Faust* – um nur dieses wenige zu nennen: Mußten nicht gleich mehrere ihrer Kernziele sie zumindest zusammenführen, in Austausch treten lassen, wenn auch in lockererer Form als später beim Goetheschen ›Bündnis‹ mit Schiller? Immerhin haben Goethe und Lessing mehr als ein Jahrzehnt lang gleichzeitig auf der deutschen literarischen Bühne agiert. Festzustellen ist: Unter den prägenden zeitgenössischen Autoren von Goethes erster Lebenshälfte ist Lessing der einzige, dem er nicht persönlich begegnet ist. Nicht einmal ein Brief hat, soweit wir wissen, je zwischen den beiden gewechselt.

Nach dem Comment jener Epoche wäre es gewiß an Goethe als dem zwei Jahrzehnte Jüngeren gewesen, den Faden aufzunehmen. An Lessings großen Antipoden Klopstock hat sich schon der vierundzwanzigjährige Goethe am 28. Mai 1774 aus eigener Initiative brieflich gewandt, ebenso wie wenige Monate zuvor (am 12. Februar) an Gottfried August Bürger. Schon im Oktober 1774 begegnet er Klopstock in Frankfurt auch in persona.[7] Von den anderen, wie Wieland, Herder, Lavater, später Schiller, aber auch früh schon Gottsched, den der Student in Leipzig aufsuchte, sei hier einstweilen gar nicht die Rede. Im Falle Lessings hätten sich Gelegenheiten angeboten, anders als etwa bei Kant, der aus Königsberg kaum herauskam und dessen Nähe Goethe gewiß auch nicht gesucht hat.[8]

Goethes und Lessings Lebensräume lagen so weit nicht auseinander. Beide haben den Eintritt ins Universitätsleben in der gleichen Stadt Leipzig getan, knapp zwei Jahrzehnte versetzt. Und ebendort bietet sich auch die erste Möglichkeit einer Begegnung, als Lessing sich seit Anfang Mai 1768 für vier Wochen in der Stadt aufhält, in der er immer noch – auch von Berlin und Hamburg aus – intensive persönliche und ›literarische‹ Beziehungen pflegt. Goethe nimmt die Gelegenheit, die er mit einigen Freunden zusammen erwogen hat, wie er in *Dichtung und Wahrheit* behauptet, aus einer »augenblicklichen Albernheit« heraus[9] nicht wahr. Dabei war Lessing doch derjenige, der nach Goethes eigenem Bekunden in *Dichtung und Wahrheit* noch kurz zuvor mit seinem *Laokoon* ihn und seine Gruppe »junger Leute« begeistert hatte.[10] Und die seit 1767 erscheinende *Hamburgische Dramaturgie* »brach« auch in den Augen

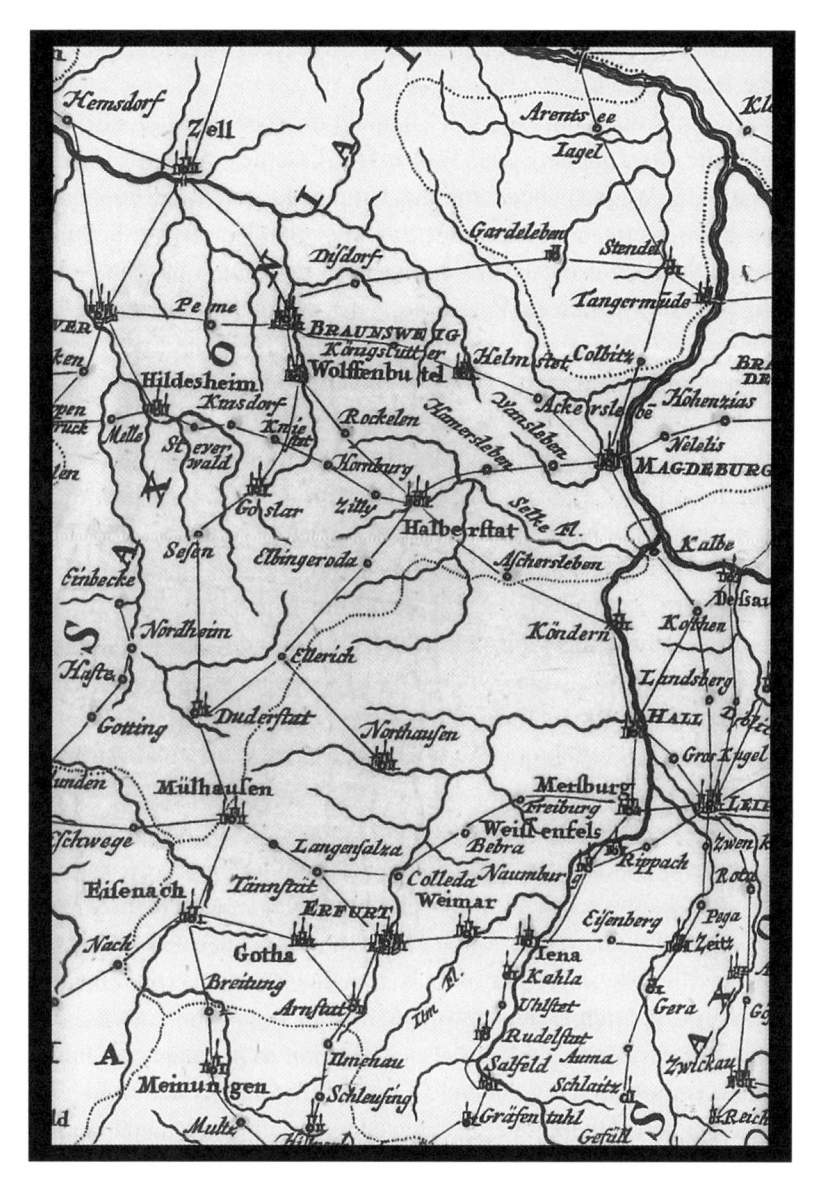

Zur geographischen Nähe von Weimar, Braunschweig und Wolfenbüttel. Kartenausschnitt aus Johann Peter Nell: Post-Charte durch Deutschland, 18. Jahrhundert, undatiert (Herzog August Bibliothek Wolfenbüttel)

des theaterbesessenen Goethe »die Bahn« und begründete »eine neue Periode«.[11]

Man mag das frühe Ausweichen nicht überbewerten. Doch wer – nicht nur aus *Dichtung und Wahrheit* – Goethes charakteristische Weisen des Wegschiebens und des Umgehens kennt, dürfte gegenüber der behaupteten bloß »augenblicklichen Albernheit« skeptisch werden. Nicht nur die Jahrzehnte spätere autobiographische Äußerung (1811/12), auch ein Zeugnis aus der frühen Periode selbst, läßt hellhörig werden. Es ist der vielzitierte Brief an Philipp Erasmus Reich vom 20. Februar 1770,[12] in dem der ganz junge Goethe ein Resümee über seine entscheidenden literarisch-künstlerischen Anreger, seine »echten Lehrer« gibt. Er nennt Shakespeare, Oeser und Wieland, nicht Lessing, in dessen *Hamburgischer Dramaturgie* ja der nachdrückliche Hinweis auf Shakespeare deutlich *vor* Wieland erschienen war.[13] Auch wenn man derlei Nuancen nicht zu stark akzentuiert, zeigt sich, daß für die frühe Einstellung Goethes zu Lessing ein besonders sorgfältiges Nachfragen angebracht ist.

Hierbei ist die äußere (Nicht-) Begegnung, oder das Ausweichen vor ihr, nur *ein* Element des Komplexes, aber ein aussagekräftiges. Seit Goethes Straßburger Studium sind gewiß die Lebensregionen der beiden, als Lessing vor allem in Hamburg tätig war, stärker auseinandergerückt. Aber nachdem Lessing 1770 als herzoglich braunschweigischer Bibliothekar nach Wolfenbüttel gewechselt war und Goethe schließlich die Einladung Carl Augusts nach Weimar angenommen hatte, waren die beiden einander nicht nur geographisch wieder nähergekommen. Bekanntermaßen verbanden den Weimarer und den Braunschweiger Hof auch enge verwandschaftliche Beziehungen. Und es hat – davon hat unter anderen Günter Schulz kenntnisreich gehandelt[14] – mehrere Gelegenheiten für Besuche bei dem angesehenen Nationalautor gegeben, die auch Goethe unspektakulär hätte nutzen können.

Schon 1880 hat Woldemar Freiherr von Biedermann in einem detailreichen Aufsatz (im *Goethe-Jahrbuch* Nr. 1!)[15] an das Faktum der Nichtbegegnung, ja des Sich-aus-dem-Wege-Gehens vor allem auf seiten Goethes erinnert. Und seitdem sind immer wieder Spekulationen daran geknüpft worden.[16] Mein auswählender Versuch faßt die biographisch-personalen Aspekte durchaus ins Auge und läßt

Lessing. Ölgemälde auf Leinwand von Georg Oswald May (1738-1816), um 1766 (Gleimhaus Halberstadt)

Nächste Seite: Mitteilungen über Gellerts Tod und Lessings Amtsantritt im Wolfenbüttel (Exemplar der Niedersächsischen Staats- und Universitätsbibliothek Göttingen mit handschriftlichen Marginalien des 18. oder 19. Jahrhunderts. Sie benennen die Verfasser der Artikel). Albrecht von Haller: Seit 1736 an der Göttinger Universität lehrend, 1751 Mitbegründer der Gesellschaft der Wissenschaften in Göttingen, Herausgeber ihres kritischen Organs GGA. Johann David Michaelis: Orientalist und Theologe, seit 1746 Professor in Göttingen, übernahm 1753 von Haller die Herausgeberschaft der GGA.

ständlich abgehandelt. Hr. B. hat daher wohlgethan, sie mehr auseinander zu setzen, da sie zu merkwürdige Eigenschaften der krummen Linien führt, z. E. einzelne Puncte, die wie Inseln, mit einer krummen Linie keinen sichtbaren Zusammenhang haben, und doch zu ihr gehören. Seine Antrittsrede hielt Hr. Prof. B. den 30. August, in welcher er die Erlernung der Mechanik empfohl. Die Einladungsschrift von 16 Quarts ist auch de Mechanica überschrieben; und zeigt, wie nöthig Einsichten in die höhere Mechanik zu einer brauchbaren Kenntniß des Maschinenwesens sind; Hr. B. erläutert zugleich die Lehre von der Bewegung eines Körpers auf vorgeschriebenem Wege, und besonders vom Falle auf dem Bogen einer Radlinie. Da Hr. B. in Leipzig viel Jahr lang die Mathematik mit Beyfall gelehrt hat, so hat man sich bey der Verwaltung seines Lehramtes viel Vortheile für diese Sammlung von Wissenschaften von seiner Geschicklichkeit und von seinem Eifer zu versprechen.

Michaelis Die gelehrte Welt, der gute Geschmack, und die praktische Religion, hat am 13 Decemb. einen grossen Verlust gehabt. Der durch seine Schriften verewigte Gellert starb an diesem Tage im 55sten Jahr seines Alters. Er war Professor Extraordinarius der Philosophie: aber ihn schätzt man nicht nach Titel und Rang, sondern denkt bey dem Wort Extraordinarius nur an die Bescheidenheit.

Wolfenbüttel.

Michaelis Die vortrefliche Wolfenbüttelische Bibliothek hat Hrn. Leßing zum Aufseher erhalten. Der Mann ist wenigstens eben so selten u. einzeln in Deutschland, als die Bibliothek selbst: und welcher Liebhaber des guten Geschmacks und der ächten Gelehrsamkeit kann es unterlassen, sich über diese Nachricht so zu freuen, als er sich über die vorige betrüben wird?

Göttingische Anzeigen

von

gelehrten Sachen

unter der Aufsicht

der Königl. Gesellschaft der Wissenschaften

156. Stück.

Den 30. December 1769.

Paris.

Haller

Varietés literaires, ou recueil de pieces tant originales que traduites concernant la Philosophie, la Literature & les arts, ist in vier groß Duodezbänden A. 1768. bey la Combe abgedruckt. Wir kennen den Sammler nicht. Die übersetzten Stücke sind mehrentheils aus dem Englischen und Deutschen, wohl geschrieben, und mit einer untadelhaften Wahl ausgelesen. Wir wollen hin und wieder ein Stück anzeigen, da zu allen der Raum mangeln würde. Von den Sprachen, zumahl dem harmonischen und wohl tönenden Griechischen, dem ernsthaften Lateinischen, dem dumpfigen aber, wie der Verfasser meint, philosophischen Französischen: auch vom Deutschen. Nur können wir beym letztern nicht absehn, warum der Verf. ihm die Versetzungen als natürlich zuschreibt, da sie doch noch zu unsern Zeiten,

die wichtigen expliziten Äußerungen Goethes über Lessing – mit Ausblicken auf die ›andere Seite‹ – zu Wort kommen. Er bemüht sich jedoch darüber hinaus, im Sinne von Goethes eigenem Konzept in *Dichtung und Wahrheit* die »Zeitverhältnisse« klarer hervortreten zu lassen, insbesondere die personalen Konstellationen. Er geht dabei nicht von einem »geheimen Triumvirat« zwischen Goethe, Lessing und Schiller aus, wie man es seit Julius Petersen[17] gerne supponiert hat. Er sucht vielmehr die jeweiligen Ausgangspositionen und ihre »Konditionen« möglichst präzise zu fassen.[18]

Es tritt mitunter nicht deutlich genug ins Bewußtsein, daß für die fünfziger und beginnenden sechziger Jahre des 18. Jahrhunderts in Deutschland unter den ›programmatischen‹ Figuren – neben den Zürchern Bodmer und Breitinger und dem allmählich abtretenden Gottsched – nicht *eine* Leitfigur das literarische Leben bestimmt (beliebtes Stichwort: »Lessingzeit«),[19] sondern eine duale Konstellation: die beiden Antipoden Lessing *und* Klopstock. Die Gründe für die ›Schwächung‹ Klopstocks besonders im 20. Jahrhundert können hier nicht erörtert werden.[20] Für den jungen Johann Wolfgang, der mit seiner Schwester schwärmerisch *Messias* liest und rezitiert – gegen den ausdrücklichen Willen des Vaters[21] –, ist Klopstock die unbezweifelte Leitfigur. Und an Werthers Klopstock-Enthusiasmus sei mit einem kurzen Satz nur erinnert. In Klopstock tritt dem jungen Dichtungsbegeisterten das erste zeitgenössische Muster eines »wahren« Poeten entgegen, eines göttlichen, von göttlichen Dingen singenden. Die früh auch nach Frankfurt dringenden Wirkungen des tränenreichen Durchbruchsstücks *Miß Sara Sampson* sind dem nicht vergleichbar.[22] Daß Klopstock die persönliche »Würde« des wahren Poeten vorlebte, während Lessing es sich zutrauen konnte, sie auch einmal »wegzuwerfen«, um sie jederzeit wieder aufzunehmen,[23] das ist zwar eine späte Projektion von *Dichtung und Wahrheit*. Aber: Wenngleich Klopstocks Naserümpfen über das Weimarer und Außer-Weimarer Treiben des jungen Herzogs und seines genialischen Protégés zunächst zum Zerwürfnis und dann zur ›Abkühlung‹ führte – der Platz des frühen, begeisternden Idols bleibt einstweilen besetzt (und die anderen Idole wie Homer oder Ossian wiesen auch nicht gerade in die Richtung Lessings).

Goethe. Ölgemälde auf Leinwand von Georg Oswald May (1738-1816), 1779 (Yale University Art Gallery)

Leipzig jedoch konfrontierte den poesiehungrigen Studiosus, im Zeichen der literarischen Autoritäten Gottsched und Gellert, vor allem mit den Vorgaben der Väter und Großväter.[24] Gewiß war Gottsched, dem im Jahre seines Todes (1766) der junge Goethe zusammen mit seinem späteren Schwager Schlosser noch einen pflichtschuldigen Besuch abstattete, bereits eine gestrige Gestalt (wirkungssicher inszeniert Goethe noch in *Dichtung und Wahrheit* diesen Besuch wie eine satirische Verlachkomödie).[25] Und bei dem milden und beliebten Gellert lernte er im Stilistikum, auch mittels der roten Korrekturtinte, einen »natürlichen« und »lebendigen« Briefstil[26] – und wuchs rasch darüber hinaus.[27] Einen gangbaren Weg in die erträumte Zukunft der Poesie wies dieser Lehrer dem jungen Ehrgeizling nicht (eher schon Oeser, indem er sein Interesse auf neue Felder der Kunst lenkte).[28]

Aber bot nicht das von dem jungen Goethe leidenschaftlich umworbene Metier des Theaters gerade in Lessing eine Leitfigur? Im Mai 1767 begann die *Hamburgische Dramaturgie* zu erscheinen. Indes, dieses avancierteste theaterkritische, theatertheoretische Periodicum rief zwar das »Genie« Shakespeare gegen das in Lessings Augen überdominante französische Theater auf (und setzte damit die Linie des 17. *Literaturbriefs* vom Jahre 1759 fort). Und Goethe hat das »Bahnbrechende«, eine »neue Periode« Begründende im späteren Rückblick auch anerkannt.[29] Aber zugleich trat der Hamburgische Dramaturg nun doch – wenngleich gegen ein petrifiziertes Regelsystem – als ein neuer Normator auf, mit einem neuen Trauerspielkonzept, und dies gegen Ende der *Dramaturgie* in immer engerer programmatischer Anlehnung an einen neu interpretierten Aristoteles.[30] Goethes vielerörterte Reserve gegen alles programmatisch und theoretisch Festlegende ist hier früh spürbar, bei aller Würdigung des produktiv Neuen (im Eintreten für Shakespeare) und der objektivierbaren »Wirkung«.[31]

Das vielleicht Wichtigste in den Augen des jungen Genies Goethe, das in die literarische Öffentlichkeit drängte, verbindet sich mit dem Criticus Lessing und mit der Machtposition, die er sich seit den frühen fünfziger Jahren (zunächst von Berlin aus) erschrieben hatte.[32] Am handgreiflichsten zeigte sie sich Goethe in dem sogenannten ›antiquarischen‹ Streit mit dem Hallenser Altertums-

Hamburgische Dramaturgie.

Ankündigung.

Es wird sich leicht errathen lassen, daß die neue Verwaltung des hiesigen Theaters die Veranlassung des gegenwärtigen Blattes ist.

Der Endzweck desselben soll den guten Absichten entsprechen, welche man den Männern, die sich dieser Verwaltung unterziehen wollen, nicht anders als beymessen kann. Sie haben sich selbst hinlänglich darüber erklärt, und ihre Aeusserungen sind, sowohl hier, als auswärts, von dem feinern Theile des Publikums mit dem Beyfalle aufgenommen worden, den jede freywillige Beförderung des allgemeinen Besten verdienet, und zu unsern Zeiten sich versprechen darf.

* Frey-

Ankündigung der Hamburgischen Dramaturgie, Mai 1767
(Herzog August Bibliothek Wolfenbüttel)

wissenschaftler Christian Adolf Klotz im Anschluß an den Aufsehen erregenden *Laokoon* (1766/67).³³ Es ist auffällig, wie deutlich und wie nachhaltig sich Goethe ausgerechnet an diesen in seine Leipziger Zeit fallenden Streit erinnert: einen eigentlich ephemeren Disput, den er noch nach Jahren sogar zur Epochenorientierung einsetzt, in *Dichtung und Wahrheit* und später.³⁴ Aus den »Klotzischen Händeln«, wie Goethe selbst sie nennt,³⁵ ging Lessing – der nicht nur mit lauteren Mitteln focht³⁶ – auch nach Goethes Einschätzung als »Sieger« hervor (und dann wandte man sich ganz rasch von all den Unerfreulichkeiten ab).³⁷ Überaus bezeichnend ist Goethes Reaktion in einem Brief vom 14. Februar 1769 an Oeser, als dieser ihm in Lessings Argumentation zu den »Gemmen« einen Fehler nachweist: »Lessing! Lessing! wenn er nicht Lessing wäre, ich möchte was sagen. Schreiben mag ich nicht wider ihn. Er ist ein Eroberer, und wird in Herrn Herders Wäldgen garstig Holz machen, wenn er drüber kömmt«.³⁸ (Gemeint ist Herders Periodicum *Critische Wälder*, das in dem Klotz-Streit überwiegend auf Lessings Seite stand.)

Hier ist nicht nur der ›Kritiker‹, der unpoetische Zergliederer apostrophiert, den dann mancher – gerne auch unter Berufung auf Goethe – in Lessing gesehen und gegen den ›Dichter‹ ausgespielt hat (auf dem höchsten Niveau Friedrich Schlegel).³⁹ Es ist der in der Öffentlichkeit dominant auftretende Schriftsteller, der im konkreten Fall des Gegners Klotz Sieger und »Eroberer« wurde – was der junge Goethe beeindruckt und zugleich wohl mit Vorbehalten wahrnahm. Jedenfalls ist die Erinnerung daran noch Jahrzehnte später lebendig. Mit dem faktische Macht ausübenden Kritiker Lessing beobachtete Goethe nicht nur interessiert eine Institution des literarischen Lebens. Diese Autorität konnte auch für sein eigenes Vorankommen von Bedeutung werden, vielleicht sogar gewinnbar, wenn die Umstände günstig wären.

Sowenig man Goethes vitales Interesse an dem einflußreichen Kritker aus dem Norden unterschätzen darf⁴⁰ – die produktive Herausforderung ging selbstredend von dem Theaterautor Lessing aus.⁴¹ Diesem war nicht nur, mit *Miß Sara Sampson*, der spektakuläre Durchbruch zu einem deutschen ›bürgerlichen Trauerspiel‹ gelungen.⁴² Und in *Wilhelm Meisters theatralischer Sendung* (I 15)

Laokoon:

oder
über die Grenzen
der
Mahlerey und Poesie.

Υλη και τροποις μιμησεως διαφερυσι.

Πλυτ. πυτ ΑΘ. κατα Π. ἡ κατα Σ. ἰνδ.

Mit
beyläufigen Erläuterungen
verschiedener Punkte
der alten Kunstgeschichte;
von
Gotthold Ephraim Lessing.

Erster Theil.

Berlin,
bey Christian Friedrich Voß.
1 7 6 6.

Titelblatt des Erstdrucks
(Herzog August Bibliothek Wolfenbüttel)

werden Partien daraus sogar hingebungsvoll »probiert«.[43] *Minna von Barnhelms* Stern ging mitten in Goethes Leipziger Jahren am deutschen Theaterhimmel auf.[44] Es ist gut belegt, wie der Studiosus Johann Wolfgang sich um Aufführung bemühte und auch selbst mitspielte.[45] Weiter noch: *Die Mitschuldigen* (1769) erhielten unter dem Eindruck der *Minna von Barnhelm* einen zusätzlichen, exponierenden Akt,[46] und noch die zweite Fassung des *Clavigo* (1774) profitierte von Einsichten, die Goethe vor allem an *Emilia Galotti* gewonnen hatte.[47]

In der Sicht der Nachwelt haben Goethes explizite Wertungen der *Minna von Barnhelm*, so wie sie dann in *Dichtung und Wahrheit* fixiert wurden, die größte Wirkung getan. Sie wurden bis in unsere Gegenwart zitiert und paraphrasiert, mitunter sogar ohne Nennung der Goetheschen Herkunft,[48] gleichsam wie dauerhaft gültige historische Situierungen: *Minna von Barnhelm* sei die erste aus dem »bedeutenden Leben« (d. h. aus dem Siebenjährigen Krieg) geschöpfte deutsche »Theaterproduktion«, von »spezifisch temporärem Gehalt« (d. h. auf unmittelbarer Zeitgeschichte beruhend) und deshalb von »nie zu berechnender Wirkung«. Die »kunstgemäße« Figurenkombination wird von Goethe mehr anhangsweise gelobt, und auch wieder mehr mit dem vergleichenden Blick nach außen, auf die Charaktere der »Sächsinnen« und der »Preußen«.[49] *Minna von Barnhelm* blieb solchermaßen das am positivsten – freilich mehr von seinem Sujet und seiner Wirkung her – etikettierte Werk Lessings. Auch das Lob des *Laokoon* in *Dichtung und Wahrheit* ist mehr das eines der »Wirkung« auf die jungen Leute[50] (von *Emilia Galotti* und *Nathan* wird noch die Rede sein).

Über solche kanonisierten Wertungen hinaus hat man seit Biedermann[51] wiederholt nach Anregungen, Wirkungen, »Einflüssen« Lessingscher Stücke auf die Produkte des jungen Goethe geschaut. Von den *Mitschuldigen* und *Clavigo* war andeutungsweise schon die Rede, *Stella* und anderes kommen hinzu, in der ›bürgerlichen‹ Figuren- und Konfliktgestaltung, aber auch theatralischen Kniffen. Der junge Goethe beweist so etwas wie produktiven Respekt vor dem wirkungssicheren Theaterkönnen Lessings, nicht anders als andere Theaterbegeisterte der Genie-Generation wie Klinger, Lenz, Wagner.[52] Wolfgang Albrecht hat neuerdings für Goethes Frühzeit plausibel herausgearbeitet, wie wenig hier eine eigentliche Gegenposition zu Lessing bestimmend ist, sondern bei aller persönlichen Distanz viel gemeinsames aufklärerisches Erbe.[53] Daß Goethe gerne auch an Grundtendenzen Lessingscher Dramen, an der ›Machart‹ herummäkelt (an der Dominanz des »Verstandes«, am nur »Gedachten«), deute ich eher im Sinne eines Beeindrucktseins vor allem durch Lessings theatralische Professionalität, verknüpft mit dem Bedürfnis, sozusagen mit Lessings eigenem ›Besteck‹ an die Texte heranzugehen.

Dabei ist zwischen späten Urteilen – aus dem Siebenten Buch von *Dichtung und Wahrheit* (1811/12) und aus den diversen ›Gesprächen‹ – und solchen aus der Frühzeit zu differenzieren, was man mitunter versäumt hat. Goethe, zunächst der junge Goethe hat hier nicht nur als das geniale, ehrgeizige Individuum reagiert. Zumindest ebenso aussagekräftig ist das für eine Generation Repräsentative. Mögen die Autoritäten Gottsched und Gellert für den Leipziger Studenten noch wie aus einer Art Vorzeit in die Gegenwart hineingeragt haben,[54] so verkörpert der als Theaterautor erfolgreiche und als Kritiker gefürchtete Lessing, nicht weniger als zwei Jahrzehnte älter, zumindest partiell auch eine andere, eine zu überwindende »Epoche«. In den Selbstäußerungen aus der Leipziger Zeit, selbst noch in einigen der späten Rückblicke, ist immer wieder das »wir« auffallend. Noch der Dreiundsechzigjährige formuliert zum *Laokoon* die vielzitierte Diagnose: »Man muß Jüngling sein, um sich zu vergegenwärtigen, welche Wirkung Lessings *Laokoon* auf uns ausübte, indem dieses Werk uns aus der Region eines kümmerlichen Anschauens in die freien Gefilde des Gedankens hinriß«.[55]

Das ist anerkennend und einschränkend zugleich. Goethe nimmt in dieser frühen Periode Lessing entscheidend aus der Perspektive gleichaltriger, ähnlich Gesinnter wahr, wie Schlosser, Behrisch, Zachariä und anderer, die über die einengenden Grenzen des Leipziger Studiums hinaus als Schriftsteller, Künstler, Theatermacher Neues, Eigenes versuchten. Die »wir«-Referenz, die Generationen-Referenz ist hier ebenso kennzeichnend wie die Empirisierung durch Rekonstruktion der »Wirkung«. Im übrigen artikuliert sich hier eine Generationen-Erfahrung, wie sie durchaus vergleichbar zwei Jahrzehnte zuvor (1747/48) der Leipziger Student Lessing mit seinem bohèmehaften, belletristisch ehrgeizigen Freundeskreis in der Opposition gegen einen schon erstarrenden Gottschedianismus durchlebt.

Die Erinnerung an Goethes frühe Generationenperspektive gibt willkommene Veranlassung, für einen Moment einmal vom Hauptthema »Goethe und Lessing« auf die andere Seite der Relation zu wechseln: zu Lessings Blick auf Goethe.[56] Eine erste Feststellung ist elementar, aber unumgänglich: Während für den jungen Goethe Lessing von früh an eine nicht zu umgehende Orientierungsgestalt seiner Poeten-Karriere darstellt, taucht für Lessing der Name Goethe erst relativ spät, in seinem letzten (Wolfenbütteler) Lebensjahrzehnt,[57] am literarischen Horizont auf. Es ist eine Periode, in der Lessing zwar endlich – eigentlich wider Willen – in beamteten Verhältnissen gesichert ist, endlich in seiner »Bücherwelt« leben kann, gleichwohl bald von Empfindungen der Melancholie, des Isoliertseins, ja des ›Begrabenseins‹ unter Büchern heimgesucht wird. In die Jahre 1777/78 fallen der Beginn des Fragmentenstreits, der Lessing mancherlei Enttäuschungen einträgt, und der Tod des eben geborenen Sohnes und kurz darauf Evas. Nimmt man einmal den Komplex *Emilia Galotti* (Uraufführung März 1772) aus, so befindet sich Lessing in den ersten Wolfenbütteler Jahren, anders als in Leipzig, Berlin und Hamburg, vorübergehend weniger in der Rolle eines ständig präsenten ›Beiträgers‹ zur aktuellen literarischen Produktion als in der eines skeptischen Beobachters der belletristischen Szene.

Zu dem, was seiner Aufmerksamkeit in jenen Jahren nicht entgehen kann, gehört bekanntermaßen das Treiben der neuen Genie-Generation, der Goethe trotz aller – vor allem späterer – Distanzierungsversuche denn doch zugehört. Eine Skizze braucht hier nicht gegeben zu werden. Wenn ich recht sehe, ist einer der ersten Anlässe, in denen der Name Goethe dabei für Lessing unüberhörbar wird, die satirisch-polemische Farce *Götter, Helden und Wieland* vom Herbst 1772 (erschienen 1774). Von einer scheinbar speziellen Seite her, doch einer, bei der Lessing sich auskennt, nämlich dem griechischen Drama,[58] kritisiert er das unbedachte Geschreibsel des Neulings Goethe, und zwar in Sachen *Alkestis* des Euripides. Und hier verteidigt er unverkennbar zugleich seinen geschätzten Quasi-Generationsgenossen Wieland (der ja nur vier Jahre jünger ist).[59] Im Vergleich zu ihm, so setzt er dem befreundeten Friedrich Heinrich Jacobi auseinander, seien Goethes Vorstellungen »der klareste Unsinn, wahrhaft tolles Zeug«.[60]

Es ergibt sich das interessante Phänomen einer sozusagen symmetrischen Spiegelung. Der von dem vierundzwanzigjährigen Goethe und seinen Gesinnungsgenossen als Generationenrepräsentant gesehene Lessing reagiert, da Wieland in dieser Farce von den Jungen angegriffen wird, seinerseits als Generationenrepräsentant. Noch massiver zeigen sich solche Mechanismen in Lessings Reaktion auf den *Götz von Berlichingen*. Lessing liest das Stück etwas verspätet im Februar 1774, knapp zwei Jahre nach der Uraufführung seiner *Emilia Galotti*,[61] und scheint anfangs nicht ungünstig darüber geurteilt zu haben.[62] Aber nun tritt etwas Bezeichnendes hinzu. Als der *Götz* am 12. April 1774 in Berlin erstmals auf die Bühne kommt und Lessing über seinen dort lebenden Bruder Karl von der großen Resonanz erfährt, die sich auch einer aufwendigen Ausstattung, besonders mit modischen Kostümen, verdanke – da geht er auf Distanz. Seinen Bruder läßt er am 30. April wissen: Dieser Beifall des Publikums gereiche, so fürchte er, »weder zu Ehre des Verfassers, noch zu Ehre Berlins«.[63]

Lessing scheint dem Text des *Götz* in seiner Neuartigkeit einiges an Wertschätzung entgegengebracht zu haben; er erhebt gegen die recht positive Würdigung durch den Bruder (besonders in dessen Brief vom 22. April 1774, mit dem wiederholten Stichwort »Shakespeare«) keine Einwände.[64] Auch die Person Goethes begann ihn zu interessieren, der auf sein »Genie […] so pocht«; und im Briefwechsel mit Karl ist davon die Rede, mit Goethe »anzubinden«.[65] Es blieb bei der Distanz; im Vordergrund seiner Wahrnehmung des *Götz* stand das Entsetzen über das sich breitmachende theatralische »Unwesen«, das in ihm »Ekel« erzeuge.[66] Für Resonanzphänomene des Theaters hat Lessing, der das Metier sozusagen von der Pike auf gelernt hat, früh ein besonderes Sensorium entwickelt, das in späteren Jahren mit offenkundiger Sorge auf bloß Modisches und Aufwendiges reagierte. Im Wolfenbütteler Abseits ist das bei der Reaktion auf die Berliner *Götz*-Begeisterung mit Händen zu greifen.

Zur skeptischen Beobachtung des belletristischen Genietreibens, wie es sich in *Götter, Helden und Wieland* spiegelt, tritt die zunehmende Aversion gegen die Weise, wie diese junge Generation mit dem Drama, mit dem deutschen Theater Schindluder treibt. Der andere Exponent dieser Gruppe wird neben Goethe Jakob Michael Reinhold Lenz, der soeben in seinen *Anmerkungen übers Theater* (erschienen 1774, zunächst in Straßburg vorgetragen) den Aristoteles abgeschlachtet hat und mit Stücken wie dem *Hofmeister* (ebenfalls 1774) eine in Lessings Augen zügellose Dramenproduktion auf das deutsche Theater bringt. Goethe und Lenz, noch Weggenossen, rücken für Lessing, und nicht nur für ihn, um 1774/75 ganz eng aneinander. Er verschafft sich einzelne Texte zur Lektüre, hört auch von Aufführungen. Charakteristisch ist, was Lessings Studienfreund Christian Felix Weiße (mit dem er einst in Leipzig gemeinsam für das Theater geschwärmt hat) am 7. Oktober 1775 dem befreundeten Johann Peter Uz berichtete: »Lessing war über Goethes und Kompanie Haupt- und Staatsaktionen sehr aufgebracht und schwur das deutsche Drama zu rächen.«[67] Im gleichen Jahr, etwas früher (am 10. April), heißt es in einem Brief von Heinrich Christian Boie, der mit Lessings Position gut vertraut ist, an Goethes Freund Johann Heinrich Merck: »Er [Lessing] soll mit *Göthens* und *Lenzens* Freibeutereien und am meisten mit den Anmerkungen übers Theater […] sehr unzufrieden sein.«[68]

»*Göthens* und *Lenzens* Freibeutereien« – hier ist prägnant nicht nur die entschiedene Gruppen- und Generationenperspektive festgehalten, sondern auch die bezeichnend Lessingsche Sorge um das deutsche Theater. Es ist das gleiche Jahr 1775, in dem – davon wird noch die Rede sein – Lessing sein spätestens 1755 begonnenes Projekt eines *D. Faust* wiederaufnimmt. Und schon im folgenden Frühjahr (1776) entstehen die ersten Entwürfe zum *Nathan*.

Fühlt sich Lessing auf dem Feld des Dramas, als produktiver Autor, als Theoretiker und Kritiker, sozusagen im Zentrum seiner Begabung, seiner Erfahrung und seines Engagements, so gilt für den im Herbst 1774 erscheinenden Goetheschen *Werther* fast das exakte Gegenteil. Der Roman ist die einzige wichtige Literaturgattung seiner Zeit, der sich der so vielseitige Lessing nicht produktiv widmet – was nicht aus einer prinzipiellen Ablehnung dieses

Karl-Wilhelm Jerusalem (1747–1772).
Ölgemälde eines unbekannten Künstlers auf Leinwand, um 1770
(Lottehaus Wetzlar)

Genres resultiert (man denke nur an das hohe Lob vom Jahre 1767 für Wielands *Agathon*).[69] Haben ihn schon die theatralischen »Freibeutereien« Goethes und seines »Mitbruders« Lenz empört, so scheint ihm der Sensationserfolg des *Werther* fast noch bezeichnender für das Ungebändigte, Anarchische der jungen Genie-Generation. Wieder ist es nicht lediglich die Lektüre eines Goetheschen Textes, sondern die besorgte Wahrnehmung eines ›Falls‹.

Lessings komplexe Reaktion versuche ich nach drei Gesichtspunkten aufzuschließen. Der erste ist ein fast zufälliger, rein autobiographisch veranlaßter: die Gestaltung des Wetzlarer »Modells« Karl Wilhelm Jerusalem. Ihn, den jungen Juristen, hat Lessing schon 1770, gleich zu Beginn seiner Wolfenbütteler Zeit, kennen- und schätzen gelernt; er hat mit ihm auch eingehende Gespräche geführt.[70] Noch 1776 hat er Jerusalems *Philosophische Aufsätze* herausgegeben und mit einem sympathetischen Vorwort versehen.[71] Jerusalem ist im September 1771 als Gesandtschaftssekretär beim Reichskammergericht nach Wetzlar berufen worden und hat sich dort, wie hinlänglich wiederum aus der Goethe-Exegese bekannt ist, in der Nacht vom 29. auf den 30. Oktober erschossen.[72] Als *Die Leiden des jungen Werthers* 1774 erscheinen, ist Jerusalem als »Modell« des Titelhelden sofort in vieler Munde. Lessing aber erinnert sich seiner vornehmlich so, wie er ihn aus der frühen Wolfenbütteler Zeit kennt, und weiß von den tatsächlichen Ereignissen in Wetzlar wenig. Er schreibt vielmehr, wie es scheint, das meiste dessen, was er im *Werther*-Text liest, dem Romandichter Goethe zu.[73] So sind ihm offenkundig etwa die Rang- und Standeskonflikte Jerusalems mit dem Gesandten von Höfler, und anderes, unbekannt. Das muß man einrechnen, wenn man Lessings Kritik bewertet, in Goethes Darstellung sei »der Charakter des jungen Jerusalems [...] ganz verfehlt«,[74] und auch die vielzitierten Sätze, die Lessing am 26. Oktober 1774 an seinen Freund Eschenburg schreibt: »Also, lieber Göthe, noch ein Kapitelchen zum Schlusse; und je cynischer je besser!«[75] Derselbe Lessing, der seit seinen frühen *Rettungen des Horaz* (1754) immer wieder dezidiert für eine prinzipielle Trennung zwischen der Biographie eines Poeten und der dichterischen Fiktion eingetreten ist,[76] läßt das hier offensichtlich nicht gelten. Es geht ja auch nicht um Horaz, sondern um einen persönlichen Bekannten.

Philosophische Aufsätze

von

Karl Wilhelm Jerusalem:

herausgegeben

von Gotthold Ephraim Lessing.

Braunschweig,
in der Buchhandlung des Fürstl. Waisenhauses.
1776.

(Herzog August Bibliothek Wolfenbüttel)

Die Vokabel »cynisch« im Brief an Eschenberg verdient noch Beachtung. In der Linie, die bei der Reaktion auf *Götter, Helden und Wieland* und auf den *Götz* erkennbar wurde, regt sich hier wieder die Aversion gegen das zügellose Treiben der jungen Genies, der »Göthianer«, wie es jetzt auch heißt.[77] Das »je cynischer je besser« kann man auch als Vordeutung jenes Lessingschen Plans lesen, sich in die bald entfachte *Werther*-Kritik und in die Anti-Wertheriaden[78] mit einer eigenen Parodie einzureihen. Das Bühnenstück soll *Werther, der bessere* heißen, kommt aber nicht zustande.[79] Stattdessen schreibt Lessings Berliner Freund Nicolai erst einmal (1775) seine Parodie *Freuden des jungen Werthers*.

Ein dritter Punkt, den ich herausheben möchte, bezieht sich ausdrücklich auf den Schluß des Romans: *Emilia Galotti* liegt aufgeschlagen auf Werthers Pult, als man ihn erschossen auffindet. Hierüber und über den genaueren Bezug auf Emilia, auch auf den Verführer, ist viel räsoniert worden.[80] In Lessings Gestaltung des Schlusses von *Emilia Galotti*, auch in dem Gesten- und Requisitenspiel, sind ja Elemente sowohl einer Tötung durch den Vater Odoardo als auch solche der Selbsttötung Emilias enthalten.[81] Und in der Tat hat Kestner auf Jerusalems Schreibpult neben dem Manuskript des Aufsatzes *Über die Freiheit* (den dann Lessing 1776 mit herausgeben wird) *Emilia Galotti* gefunden.[82] Auch dies war Lessing offenkundig nicht bekannt, er mußte es für eine Goethesche Erfindung halten. Die Pointe mit *Emilia Galotti* verschärfte Lessings Aversion gegenüber der Grundtendenz dieses Romans zweifellos noch. Er fühlte sich wohl auch mit seinem neuesten dramatischen Werk sozusagen in den Strudel des neumodisch-anarchischen Lebensstils hineingezogen, um nicht zu sagen: mißbraucht.

Der vielschichtige Komplex der Lessingschen Reaktion auf Goethes Romanerstling verdient auch deshalb etwas nähere Betrachtung, weil der *Werther* in den wechselseitigen Verhältnissen zwischen Goethe und Lessing wohl so etwas wie einen Wendepunkt darstellt. Bei aller Skepsis gegenüber Goethe und »Kompanie«, ja seinem Entsetzen angesichts der sich ausbreitenden theatralischen Moden war er an dem jungen Talent schon interessiert, und privatim hat er auch von »Genie« – einem gewiß problematischen – gesprochen.[83] Und auf seiten Goethes: Bei all dem, was zu seiner Ein-

Emilia Galotti.
Ankündigung der Erstaufführung. Theaterzettel, 1772
(Herzog August Bibliothek Wolfenbüttel)

Aus der Schlußseite des ›Werther‹: »Von dem Weine hatte er [Werther] nur ein Glas getrunken, ›Emilia Galotti‹ lag auf dem Pulte aufgeschlagen.«

schätzung der Macht des Kritikers Lessing rekonstruiert werden kann, besteht wohl kaum Zweifel, daß er nicht ohne Anspannung auf Lessings Reaktion gewartet hat. Eine leicht änigmatische Äußerung Goethes in einem Brief an (vermutlich) Ernst Theodor Langer vom (vermutlich) 6. März 1774 könnte man so deuten: »Wenn ihr Lessingen seht so sagt ihm dass ich auf ihn gerechnet hätte, und ich pflegte mich an meinen Leuten nicht zu betrügen.«[84] Das kann auch anderes mit einschließen, ist aber kaum ohne Zusammenhang mit dem Warten auf die Resonanz des *Werther* bei Lessing.

Eine öffentliche Äußerung Lessings erfolgte nicht, keine abfällige, aber eben auch keine anerkennende oder gar rühmende. Angesichts der vielfältigen literarischen Kommunikation beider über Freundeskreise, Besuche und Briefe kann Lessings Reserve, ja Kritik Goethe kaum unbekannt geblieben sein. Das deutlichste Zeugnis ist ein Brief des Lessing-Freundes Christian Felix Weiße an Christian Garve vom 4. März 1775: Nicht nur halte Lessing den »Charakter des jungen Jerusalems« für »ganz verfehlt« (das wurde schon erwähnt), sondern er werde Goethe wohl »einmal jählings, wie Klotzen [dem Hallenser Klotz], auf den Nacken springen; doch da es Göthen auch nicht an Hörnern fehlt, so wird er sich wohl wehren.«[85] Das mag durch den Berichtenden noch ein wenig zugespitzt sein, ist indes unter informierten Freunden von hinreichender Deutlichkeit und zeigt überdies, daß über die Konstellation Goethe/ Lessing geredet wurde.

Diese Konstellation ist um 1774/75, das dürfte schon erkennbar sein, nicht nur durch den erheblichen Altersunterschied gekennzeichnet, sondern auch durch völlig konträre Lebensformen und soziale Rollen auf der literarischen Bühne. Dem angesehenen »gelehrten« Schriftsteller und Bibliothecarius in Wolfenbüttel steht ein junges »Genie« gegenüber, das zugleich eine junge, aufstrebende, sich als Avantgarde verstehende Gruppe repräsentiert. Es gibt auch charakteristische Asymmetrien, was die literarischen Teilfelder angeht. Lessings etablierte Position als Kritiker, die der junge Goethe einkalkulieren muß, hat bei diesem kein Äquivalent. Und das Genie wiederum erobert im Bereich einer Gattung, der gegenüber Lessing eher Enthaltsamkeit übt, binnen kurzer Zeit ein neues Publikum. Die Akzeleration[86] auch literarischer Evolutionsprozesse – für die

Werther am Schreibpult, die Pistolen in der Hand. Ausschnitt aus einem Aquarell eines unbekannten Künstlers, undatiert (Goethe-Museum Düsseldorf)

siebziger Jahre des 18. Jahrhunderts oft beobachtet – ist an den neuen ›Mustern‹ gut erkennbar. Von besonderer Qualität ist sie auf dem Theater. *Emilia Galotti* wird auch von den Jungen überwiegend als ein Durchbruch empfunden, in der Kritik der »höheren« Stände wie als »deutsches« Originaltrauerspiel. Doch wenige Jahre später nur, als der *Götz* die Bühne erobert (der ebensowenig ohne *Emilia Galotti* zu denken ist wie ohne Shakespeare), erscheint sie manchen schon wie aus einer anderen Epoche. Was die Individuen Goethe und Lessing angeht, so treten biographische Zufälligkeiten und persönliche Idiosynkrasien verstärkend hinzu.

Nach dem herausgehobenen Punkt, der sich mit Lessings Reaktion auf den *Werther* – und mit Goethes Reaktion auf diese Reaktion – verbindet, sei es gestattet, wieder vorwiegend auf die Perspektivseite Goethes zu wechseln. Mit seiner Einschätzung der *Emilia Galotti* geht die Rekonstruktion für einen Moment noch einmal zeitlich etwas zurück. Man hat die Frührezeption dieses Stücks, nicht nur durch Goethe, immer wieder in einer eigentümlichen Prägung durch die »Genie-Generation« oder gar den »Sturm und Drang« gesehen.[87] Goethe selbst hat dazu entscheidend beigetragen, indem er in *Dichtung und Wahrheit* gerade für die Resonanz dieses Trauerspiels an den »aufgeregten Zeitsinn« erinnerte.[88] Es gab auch sehr andersartige Aufnahmeweisen, etwa diejenigen, die sich an angeblichen Vulgarismen oder den zu starken komischen Beimischungen stießen.[89] Die aussagekräftigsten Stimmen zeigen sich – und hier steht die ›junge Generation‹ vornean – fasziniert durch das »deutsche Original«, durch den »Shakespear-Lessing«[90], durch die Kritik der »höheren« Stände, auch durch die dichte, »strenge« Bauform. Gerade diese letztgenannte Qualität kam dem an seinem *Götz* arbeitenden Goethe wenig zupaß. Welche Funktionen das »bürgerliche Trauerspiel« *Emilia Galotti* bei der Umarbeitung des *Götz* im Jahre 1773 ausübte, ist gut untersucht.[91]

Goethes explizite Äußerungen zu *Emilia Galotti* sind gleichwohl auffallend distanziert. Bei deren Bewertung braucht man individuelle Voreingenommenheiten nicht auszuklammern. Mit *Emilia Galotti* und *Götz* begegnen sich Lessing und Goethe zum ersten Mal auf der deutschen Bühne als fast unmittelbare Konkurrenten. Man darf daran erinnern, wie heftig Lessing – vor allem im Brief-

Aus Lessings Faust-Handschrift, um 1758/59, Blatt 71
(Herzog August Bibliothek Wolfenbüttel)

wechsel mit dem Bruder Karl – auf die Berliner *Götz*-Sensation reagiert. Wenn Goethe Jahrzehnte später in *Dichtung und Wahrheit* die Hofkritik des Lessingschen Stücks[92] mit leicht ironischem Ton heraushebt, so muß das nicht unbedingt seiner eigenen frühen Wahrnehmung entsprechen. Viel bezeichnender ist, was er in einem Brief an Herder vom 10. Juli 1772, also kurz nach dem Erscheinen des Drucks, an *Emilia Galotti* kritisiert: sie sei »nur gedacht«[93] (oder wie Friedrich Schlegel es später fast gleichsinnig formulierte: zu kalkuliert, ohne »Gemüt«).[94] Hier wird die große Theaterautorität der Gegenwart durch einen Generalvorbehalt, der schwer zu widerlegen ist, in die Schranken gewiesen.[95]

Wenige Jahre später nur, aber bereits nach der durch den *Werther* markierten Zuspitzung auch des persönlichen Verhältnisses, geraten die beiden als produktive Theaterautoren vorübergehend noch einmal in knisternde Nähe zueinander. Es geschieht auf überraschende Weise. Spätestens seit 1755 beschäftigt sich Lessing, wie ein Brief an den Schriftsteller August von Breitenbauch bezeugt (12. Dezember),[96] mit dem schon erwähnten Projekt *D. Faust*.[97] Der Bezug zu seiner frühen Auseinandersetzung mit der »Gelehrten«-Welt liegt auf der Hand.[98] Mit mehreren Freunden, darunter Mendelssohn, hat er sich darüber ausgetauscht. Durch die Publikation einer Szene in dem berühmten *17. Literaturbrief* (16. Februar 1759),[99] deren Funktion in der Forschung umstritten ist, wird die Lessingsche Beschäftigung auch öffentlich bekannt.

Soweit sich eine Konzeption rekonstruieren läßt, steht im Zentrum der »Wahrheits«-Sucher, dessen Drang nach »Wissen« und »Erkenntnis« nichts Sündhaftes oder gar Strafbares anhaftet. Es hat seine eigene Plausibilität, daß der Wolfenbütteler Bibliothecarius das immer wieder liegengelassene Projekt offenbar noch einmal aufnimmt.[100] Mehrere Zeugnisse weisen auf das gleiche Jahr 1775, in dem Goethe intensiv an seinem *Faust* in seiner »Frühen Fassung« arbeitet, wie sie Albrecht Schöne in Korrektur der Bezeichnung »Urfaust« nennt.[101] Es bleibt nicht bei der bloßen Synchronie (zu deren ›Witz‹ gehört, daß der Maler Müller gerade auch an einem *Faust* arbeitet).[102] Von Goethes Arbeit an seinem *Faust* wissen recht viele, wie Gotter, Knebel, Engel und andere. Im März 1775 liest er Klopstock bei dessen Besuch in Frankfurt einige Szenen vor, und

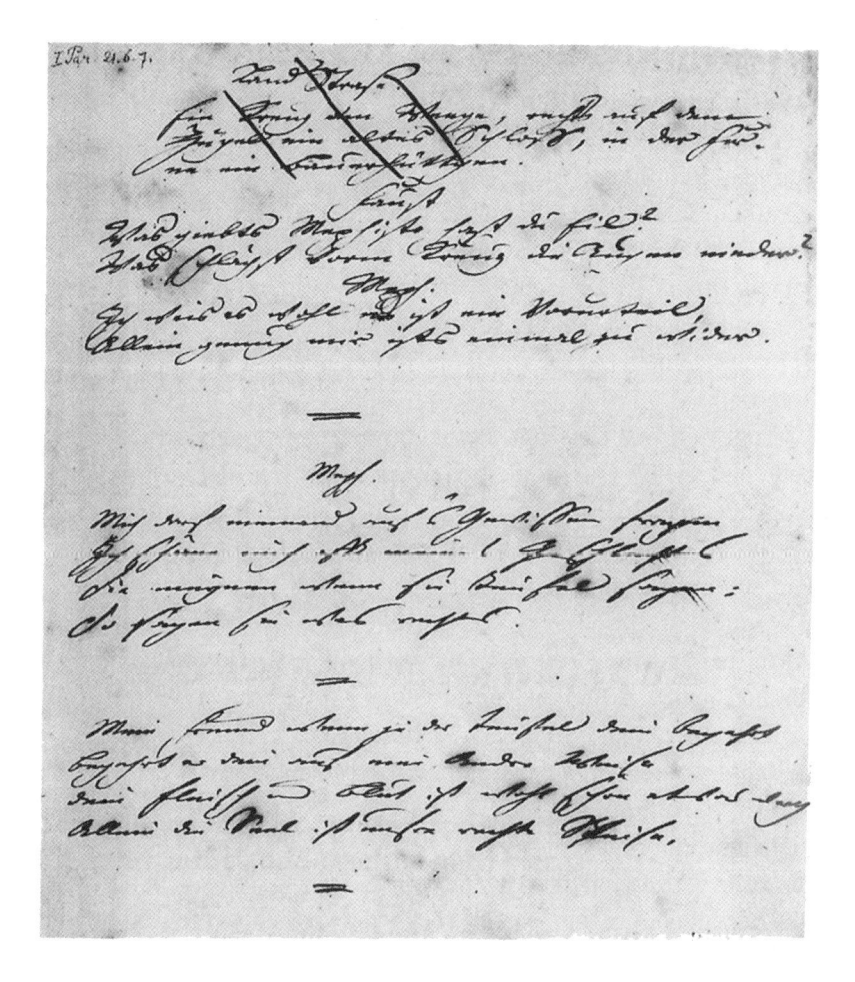

Sammelblatt zu Goethes Faust (vermutlich aus Goethes ältestem Manuskript, um 1774) mit dem Paralipomenon 21 und den Paralipomena 6 und 7 (Goethe- und Schiller-Archiv Weimar)

Klopstock berichtet darüber weiter. Auf Lessings Seite gibt es ›Zwischenträger‹ wie Boie und Weiße – jedenfalls erfährt Lessing von Goethes Arbeit. Angesichts der eigenen mindestens zwanzigjährigen Bemühung ist Lessings starkes Interesse mehr als verständlich. Johann Jacob Engel, der Berliner Aufklärer und Theatermann, und mit Lessing gut bekannt, berichtet später, »daß *Lessing* seinen *Doktor Faust* sicher herausgeben würde, sobald G.** mit seinem erschiene«. Und er soll gesagt haben – unlessingisch klingt es nicht – : »meinen *Faust* holt der Teufel, aber ich will G.** seinen holen!«[103]

Engel ist mit Lessings *Faust*-Projekt recht gut vertraut,[104] so daß man dieser Quelle einigen Wert beimessen darf. Man kann die Äußerung so deuten, daß Lessing nicht ohne Grund befürchtete, das junge Genie werde ihn mit seinem Projekt noch ›überholen‹. Die spürbare Gereiztheit könnte ganz in der Linie dessen liegen, was anläßlich des *Werther* zu beobachten war. Goethe wiederum dürfte bei seinem *Faust* den Dichter der *Emilia Galotti* kaum gefürchtet haben. Sofern er von Lessings Konzeption etwas erfahren haben sollte, könnte ihm der »Wahrheitssucher« eher wie der Repräsentant einer vergangenen Epoche erschienen sein.

Der vom Teufel geholte Lessingsche *Faust* und der von Lessing vielleicht ein wenig ingrimmig beäugte Goethesche – es ist eine reizvolle Konstellation, in der sich die beiden sozusagen halböffentlich begegnen. Daß sie einander nach wie vor beobachten, ist offenkundig. Goethe hat dann Lessings späten Wolfenbütteler Streit mit »den Theologen«, so scheint es, nicht ohne einige Anteilnahme verfolgt. Die eigene Distanz gegenüber der Orthodoxie, überhaupt der Institution Kirche dürfte dabei ein verbindendes Moment gewesen sein, der »Polemiker« Lessing allerdings stieß auf Reserve (in den *Xenien* wird dann bekanntlich Nicolai kräftig attackiert, dessen enger Freund Lessing auffällig geschont).[105] Dasjenige Stück, das den Fragmentenstreit schließlich auf eine andere Ebene gehoben hat, *Nathan der Weise*, muß Goethe in der Druckfassung (1779) noch gerade zu Lebzeiten Lessings kennengelernt haben. Daß uns jede explizite Äußerung Goethes darüber aus dieser Zeit fehlt, kann kaum bloßer Zufall sein. Er schweigt sich aus. Erst anläßlich der Aufführung des »dramatischen Gedichts« auf dem Weimarer Hof-

Nathan der Weise.

Ein
Dramatisches Gedicht,
in fünf Aufzügen.

Introite, nam et heic Dii sunt!
APVD GELLIVM.

Von
Gotthold Ephraim Lessing.

---

1 7 7 9.

Titelblatt des Erstdrucks
(Herzog August Bibliothek Wolfenbüttel)

theater 1801, in einer Bearbeitung Schillers, registriert er, daß hier »der Verstand fast allein« spreche.[106] Es ist die gleiche Kritiktendenz, die sich früh schon gegenüber *Emilia Galotti* manifestiert. Doch muß bedacht werden, daß in Goethes Eindruck offensichtlich auch Schillers umstrittene, nachgerade verstümmelnde Version des *Nathan* hereinspielt.[107] Schiller selbst spricht schon in *Über naive und sentimentalische Dichtung* (1795) von der »frostigen Natur des Stoffs«, die »das ganze Kunstwerk erkältet«,[108] und auf Goethe konnte die Inszenierung kaum anders wirken. Daß Goethe später, in seinem 1815 formulierten Aufsatz *Über das Deutsche Theater*, die Ringparabel hoch wertet und wünscht, daß »das darin ausgesprochne göttliche Duldungs- und Schonungs-Gefühl der Nation heilig und wert bleiben« möge,[109] widerspricht dem nur bedingt. Es würdigt eine Botschaft, nicht das »Kunstwerk«.

Nathan der Weise ist dasjenige Lessingsche Stück geworden, das seit der ›Klassikerpflege‹ schon des ausgehenden 19. Jahrhunderts am häufigsten mit einem Goetheschen Drama verglichen, ja des näheren verknüpft worden ist: mit keinem geringeren als eben dem *Faust*. Am spektakulärsten geschah dies im sogenannten »Goethe-Lessing-Jahr« 1929, in dem die hundertste Wiederkehr der Uraufführung des *Faust* (in Braunschweig 1829) und der ›zweihundertste Geburtstag‹ Lessings gemeinsam gefeiert wurden.[110] Das in einem sehr allgemeinen Sinne Verbindende mag bedenkenswert sein. Beide Stücke haben sich von Anfang an mit dem Theater, mit der Bühne schwergetan.[111] Beide mochten sich der immer noch mächtigen normativen Gattungs-Dualität von Lustspiel und Trauerspiel nicht fügen, sondern konstituierten jeweils etwas Drittes, Neues. Beide sind als Stücke der »Humanität« dauerhaft kodifiziert, auch funktionalisiert worden, nicht zuletzt im Schulunterricht. Ich möchte die ausgewalzten Vergleiche nicht fortführen, hiermit nur an wirkungsgeschichtliche Realitäten erinnern.[112] Es ist festzuhalten, daß diese beiden Nationalautoren ihres Jahrhunderts neben Schiller, die als Lebende so wenig zueinander finden wollten, in der Perspektive der Nachwelt mit diesen beiden Stücken noch am ehesten aneinanderrückten.

Der Blick auf die Wirkungsgeschichte der Goetheschen Äußerungen über Lessing, namentlich auf die Geschichte der dabei fixierten Bilder und Stereotypen,[113] ist in den Artikeln zum Thema ›Goethe und Lessing‹ überwiegend ausgeblendet worden.[114] Es ist jedoch nachgerade zwingend, sich für die Überlieferung der Urteilsgeschichte eine fundamentale Asymmetrie bewußt zu machen. Lessings Reaktionen auf Goethe, auch Berichte von Freunden darüber, sind weit verstreut in Briefen, Tagebüchern, Erinnerungen.[115] Auf Goethes Seite existiert seit dem Siebenten/Achten Buch von *Dichtung und Wahrheit* (1811/12) ein Grundbestand an Schilderungen und Wertungen, der bald kanonisch wurde und dauerhaft zugänglich war. Auf ihn hat sich auch die einschlägige Forschung vorzugsweise konzentriert. Eine Haupttendenz gerade des Siebenten Buchs (der fälschlich so genannten ›Literaturgeschichte‹ in *Dichtung und Wahrheit*) ist es aber, zu demonstrieren, wie die »nulle Epoche« beschaffen war, aus der die nationale Dichtergestalt emporstieg.[116] Und hier ist Lessing für den Goethe der Jahre 1811/12 die spürbar am schwersten zu bewältigende Gestalt.

Gemäß Goethes Konzeption von den »Zeitverhältnissen«, mit ihren das kommende Genie »begünstigenden« und den ihm »widerstrebenden« Kräften und »Gestalten«,[117] sind die abtretenden Autoritäten Gottsched und Gellert leicht einzuordnen. Das gilt vergleichsweise auch für die von Goethe exemplarisch ausgewählten Literatursparten »Kritik« und »Satire« (letztere hauptsächlich mit Liscow und Rabener). Wieland läßt sich als Erzähler, Übersetzer, Poet – mit geringen Vorbehalten – schonend würdigen, zumal sein Weg schließlich nach Weimar geführt hat. Klopstock figuriert, wie schon berührt, als die große Gegengestalt zu Lessing, als der frühe Repräsentant der wahren poetischen »Würde«, die in Goethes Augen bei Lessing zweifelhafter war. Ob in der Hervorhebung von Lessings angeblichem »zerstreutem Wirtshaus- und Weltleben«[118] zugleich eine späte Replik auf Lessings Stirnrunzeln über Goethes und Lenzens »Freibeutereien« steckt, bleibe dahingestellt.

Von den Urteilen über einzelne Werke Lessings war andeutend schon die Rede. Die uneingeschränkteste Anerkennung innerhalb von *Dichtung und Wahrheit* gilt dem *Laokoon*, von dessen Verfahren und rascher »Wirkung« gesprochen wird (gegen Lessings Thesen entwickelte Goethe ja später eher Widerspruch).[119] An *Minna von Barnhelm* preist Goethe vorzugsweise das Sujet aus dem »bedeutenden Leben« und den Zeitbezug (das »Temporäre«) und nur pauschal das »Meisterwerk«. Eine ähnliche Doppelsicht gilt für *Emilia Galotti*: Vorbehalte gegenüber der kritischen Sozialthematik, Herauskehren des bloß Kalkulierten und der »kalten« Wirkung. Als ein Stück des Durchbruchs zu einem nationalen »deutschen« Original in der Linie Shakespeares – wie es andere Kritiker anerkennen – darf *Emilia Galotti* nicht gelten. Diese Position wird, bei aller Selbstkritik, für *Götz von Berlichingen* reserviert. Und *Nathan der Weise* (von Goethes Reserve war schon die Rede) liegt zeitlich ohnehin schon jenseits der durch *Dichtung und Wahrheit* gezogenen Linie (der Übersiedlung Goethes nach Weimar).

Ohne Frage liegen solche Arrangements – ein längst verhandeltes Thema – in der Lizenz des Autobiographen; das betrifft bekanntermaßen ja auch Figuren wie Lenz, Klinger, Bürger und andere. Für die Wirkungsgeschichte der Urteile ist entscheidend, daß sie sich als kanonisch rasch verselbständigt haben. Dies gehört, weit über alle Psychologie hinaus, auch zu der hier rekonstruierten Konfiguration. Die ›Summe‹ von *Dichtung und Wahrheit*, Lessing betreffend, ist sowohl für die schriftstellerische Persönlichkeit wie für die Hauptwerke von lauter Einschränkungen und bloß partieller Belobigung bestimmt (das gilt im Hinblick auf die Dramen-Prinzipien auch für die *Hamburgische Dramaturgie*).[120] Die einzige uneingeschränkte Anerkennung, die des *Laokoon*, bezieht sich auf eine jugendliche, d. h. auch zu überwindende Perspektive (»Man muß Jüngling sein, um zu ermessen […]«). Wenn der zwanzigjährige Goethe gegenüber Oeser davon spricht, Lessing sei ein »Eroberer«, so haben sich in der Konstruktion von *Dichtung und Wahrheit* die Relationen ziemlich genau umgekehrt.

Bei aller kanonisierenden Funktion von Goethes großer Autobiographie für die Nachwelt – dies ist nur die Hauptquelle, an der sich freilich auch die Forschung vorzugsweise orientiert hat.[121] Das Bild wird farbiger, auch wieder komplexer, wenn man darüber hinaus schaut. Als Leiter des Weimarer Hoftheaters hat Goethe natürlich auch Lessing-Stücke aufführen lassen.[122] Aber den 471 Kotzebue-Aufführungen, den immerhin 201 mit Iffland-Stücken und den ebenso vielen mit Schiller-Dramen stehen ganze 45 mit Lessing-Dramen gegenüber.[123] Der Tribut an Kotzebue und Iffland ist gewiß zeittypisch, und Schillers Vorzugsstellung braucht nicht begründet zu werden. Aber der schmale Lessing-Anteil ist auffällig, wenn auch nicht überraschend. Schillers Schwierigkeiten mit einzelnen Lessingschen Stücken – nicht nur dem *Nathan* – mögen Goethe in seinen Vorbehalten noch bestärkt haben.

Die Jahre nach Schillers Tod bringen, wie Goethe mit zunehmender Deutlichkeit bekanntermaßen selbst formuliert, nicht nur ein ›Sich-selber-historisch-Werden‹, sondern auch bemerkenswerte Neublicke auf frühe Weggenossen, Konkurrenten, Freunde. Als Schiller stirbt, ist Lessing schon mehr als zwei Jahrzehnte nicht mehr unter den Lebenden. Er gehört einer bereits fernen Epoche an. Aber während Goethe Schillers Bild in den folgenden Jahren mehr und mehr monumentalisiert, seine »Größe« herausmeißelt, sein »Ethos«,[124] beginnen in seinen Äußerungen über Lessing (in Briefen, Gesprächen, Aufsätzen, privaten Notizen) bemerkenswerte Differenzierungen. Er nimmt durchaus alte Vorbehalte gegen Lessing wieder auf, Züge, die ihn früher gestört, ja abgestoßen haben. Und er stellt sie wiederholt ausdrücklich in die Zeitkontexte der fern gewordenen Lessingschen Periode. Spät, in einem Gespräch mit Riemer vom 1. April 1831, wo es auch um die Ermordung Kotzebues geht, wird auf einmal »dieser neumodische Vernichtigungs- und Vernichtungsprozeß« mit Philologenstreiten der zweiten Hälfte des 18. Jahrhunderts verknüpft. Und es fällt auch das Stichwort »Lessing gegen Klotz«.[125] In Goethes Augen ist Lessing hier an Prozeßformen der literarischen Kultur beteiligt gewesen, die er nicht für einen Gewinn hält. Und er wendet auch dies wiederum durchaus ins Persönliche. In Unterhaltungen mit Eckermann vom Jahre 1827 tauchen mehrfach die alten Begriffe »Polemik« und »Polemiker« wieder auf, und sie werden dezidiert mit Lessings Naturell verbunden, mit seiner Neigung, sich »in der Region der Widersprüche und Zweifel« aufzuhalten.[126] Und unüberhörbar setzt Goethe nun, im Alter, seine eigene Lebensart diagnostizierend dagegen: »ich habe mich nie auf Widersprüche eingelassen, die Zweifel habe ich in meinem Innern auszugleichen gesucht«.[127] Weniger die Selbstdefinition ist hier bemerkenswert (sie ist aus Goethes Äußerungen vertraut), sondern die prinzipielle Differenzbestimmung, die ein Stück weit auch die Nichtannäherung Goethes an Lessing miterklären mag. Sie ist dem Verhaltensmuster verwandt, mit dem Goethe bei Gestalten wie Lenz, Hölderlin oder Kleist auf Distanz gegangen ist.[128]

Noch in einem anderen Sinne artikuliert sich beim späten Goethe ein Abstand nehmender, fast ›historisch‹ argumentierender Modus der Reflexion. Hatte Goethe in *Dichtung und Wahrheit* noch das Theaterstück *Minna von Barnhelm* wegen seines »bedeutenden« Sujets (aus dem Siebenjährigen Krieg) gepriesen, so heißt es 1827 auf einmal über Lessing: »Bedauert doch den außerordentlichen Menschen, daß er in einer so erbärmlichen Zeit leben mußte, die ihm keine besseren Stoffe gab« als eben die »Händel« zwischen Preußen und Sachsen.[129] Dieses, was man auch eine Defizitthese nennen könnte, begegnet gleich anschließend in Äußerungen über Lessings Fürstenkritik in *Emilia Galotti* und über die »Piquen« gegen die »Pfaffen« im *Nathan*.[130] Solche Sichtweisen und Urteile sind gewiß Manifestationen eines Historisch-Werdens oder personal betrachtet einer fortschreitenden Distanznahme. Der Goethe der *Wanderjahre* und des *Faust II* war zweifellos längst in Perspektiven und Problemstellungen des 19. Jahrhunderts befangen, die in seinen Augen vor allem zwei Leistungen Lessings relativierten: die des Kritikers und die des zeitorientierten Theaterautors. Der Kritiker ist nachgerade per definitionem der Gegenwart verpflichtet, und manche Gegenstände seiner Kritik verschwinden schon nach wenigen Jahren von der literarischen Szene. Lessing hat dieses »Taggebundene« wiederholt als notwendig eingestanden.[131] Es gilt zu einem wesentlichen Teil auch für die großen Streite, gewiß für die »Klotzischen Händel«. Die *Hamburgische Dramaturgie* wird auch von Goethe als »bahnbrechend« eingeschätzt, aber ihre programmatischen Teile (vor allem gegen den Schluß hin) sind für ihn nicht verbindlich. Und was Goethe an *Minna von Barnhelm* und *Emilia Galotti* als seinerzeit ›aktuell‹ wertet und als für die frühe »Wirkung« essentiell, stellen sich ihm ein halbes Jahrhundert später – noch dazu verknüpft mit seiner Defizitthese – gerade als etwas Limitierendes, ja Minderndes dar. Und es bilden sich Urteile, die heute denn doch als krasse Fehlurteile erscheinen mögen. Ausgerechnet dasjenige Lessingsche Stück, das neben dem *Nathan* große Regisseure und Schauspieler immer wieder zu stupenden

Neuinszenierungen gereizt hat, *Emilia Galotti*,[132] meint er als definitiv abgetan kennzeichnen zu müssen. So heißt es in einem Brief an Zelter vom 27. März 1830: »Auf dem jetzigen Grade der Kultur kann es [dieses Stück] nicht mehr wirksam sein. Untersuchen wir's genau, so haben wir davor den Respekt wie vor einer Mumie, die uns von alter hoher Würde des Aufbewahrten ein Zeugnis gibt«.[133]

Gewiß sind solche Äußerungen eines Achtzigjährigen nicht auf die Goldwaage zu legen. Sie haben indes ihre eigene innere Konsequenz, indem sie nicht nur Lessings kritisches Oeuvre, sondern auch sein Theater auf Temporarität festlegen, nicht nur im Sinne der Referenz auf die vergangene Gegenwart, vielmehr auf die spezifische »Wirkung« in ihr. *Minna von Barnhelm* bezeichnet er ein Jahr später gegenüber Eckermann (am 27. März 1831) als »ein glänzendes Meteor«[134] – es ist die gleiche Formel, die er etwa für Kleists *Amphitryon* verwendet.[135] Und in dem zitierten Brief an Zelter geht dem »Mumien«-Urteil über *Emilia Galotti* der Satz voraus: »Wir jungen Leute ermutigten uns daran und wurden deshalb Lessing viel schuldig«.[136]

Es ist nicht nur der Generationenhorizont, der sich – ähnlich wie im Fall des *Laokoon* – hier in der Erinnerung wieder artikuliert. Das »Wirkungs«-Prinzip läßt zugleich die Epochendifferenz durchscheinen. Wenn Goethe gegenüber dem Freund Zelter *Emilia Galotti* »wie die Insel Delos, aus der Gottsched-Gellert-Weissischen pp. Wasserflut« emporsteigen sieht, so arbeitet hier die prinzipiell gleiche Epochenkonstruktion wie im Siebenten Buch von *Dichtung und Wahrheit*. Sie bezieht sich hier auf ein einzelnes Aufsehen erregendes Werk, das seinerzeit ›Epoche machte‹ und in dieser ›historisierenden‹ Sicht funktional bestimmt werden kann.

Eigentümlicherweise regt sich vereinzelt bei dem späten Goethe auch ein Impuls zur Neuwertung der Lessingschen Individualität. Gerne wird, insbesondere zu Jubiläumszwecken, zitiert, was Goethe am 15. Oktober 1825 zu Eckermann geäußert haben soll: »Ein Mann wie *Lessing* täte uns not. Denn wodurch ist dieser so groß als durch seinen Charakter, durch sein Festhalten! – So kluge, so gebildete Menschen gibt es viele, aber wo ist ein solcher Charakter! –«[137] Das Stereotyp vom »Mann« Lessing, vom »Kämpfer« – auch mit nationalistischen Beitönen – begleitet die Würdigungsgeschichte des Kamenzers von früh an.[138] Aber Goethes wirkungsstarke Diagnose in *Dichtung und Wahrheit* zielte ja gerade darauf, daß Lessing seine Würde auch »wegwerfen« konnte, um sie dann wieder aufzunehmen. Die – zumindest vorübergehende – Umwertung von Lessings »Charakter« mag ihre Parallele in der Goetheschen Neuformung des Bildes Schillers nach dessen Tod besitzen. Wenn sie denn Eckermann einigermaßen treffend überliefert,[139] ist sie offenkundig zugleich durch Goethes vergleichenden Blick in die eigene Zeit veranlaßt. Heinrich Heine etwa, der Lessing in manchem so Verwandte, wäre in Goethes Augen wohl der letzte gewesen, dem er »Charakter« zugebilligt hätte.

Lessings Autorität, seine starke »Wirkung«, das »Epochemachende« sind deutlich erkennbare Konstanten der Goetheschen Lessingschätzung. Die Vor-Weimarer Erfahrungen sind bestimmend geblieben. Goethes Einstellung gegenüber Lessing vermittelt sich nicht über die Humanitätskonzeptionen des *Nathan* und der *Iphigenie* oder des *Faust*, etwa über die von beiden stark empfundene Kulturkonkurrenz zu Frankreich, über das Nationalerzieherische oder einfach über die gemeinsame Leidenschaft zum Theater.

Der Generationengegensatz, ja die Generationenrepräsentanz in der wechselseitigen Optik ist überdeutlich. Und noch einmal muß daran erinnert werden, daß gerade das Jahrzehnt des gleichzeitigen Agierens auf der literarischen Bühne von einer bisher ungekannten »Beschleunigung« auch der sozialkulturellen Prozesse bestimmt war, wie sie vor allem Reinhart Koselleck herausgearbeitet hat.[140] In diesem Kontext zumal gehen objektivierbare Konstellationen des literarischen Feldes und individuell-personale Relationen kaum trennbar ineinander. Lessing stellte für Goethe früh eine zu respektierende Machtgröße dar, eine theatralische, vor allem auch eine kritische und – im fließenden Übergang – polemische. Es gelang Goethe nicht, sie zumindest partiell den eigenen Zwecken des aufsteigenden Genius dienstbar zu machen. Dem widerspricht nicht, daß der junge Theaterautor Goethe – wie hier nur angedeutet werden konnte – von Lessing gelernt hat. Und Lessings kunsttheoretische Anregungen, insbesondere Goethes Auseinandersetzung mit Winckelmann, sind hinzuzunehmen.

In dem reichlichen Jahrzehnt gemeinsamer schriftstellerischer Präsenz – das man mit einer Überlagerung der Epochengrößen ›Aufklärung‹ und ›Sturm und Drang‹ allein gewiß nicht greifen kann – haben sich die Projekte, die Werke mehrfach sozusagen knisternd einander genähert: bei *Emilia Galotti*, dem *Götz*, dem *Werther* und dann den beiden *Faust*–Unternehmungen. Aber warum hat der erst Aufsteigende, der Jüngere, den Schritt der persönlichen Annäherung, über Freunde oder auch einen Brief, nicht gewagt? Der Generationendistanz wegen? Aber die war ja bei Klopstock etwa oder bei Wieland auch überwindbar. Oder aus Zögern gegenüber der kritischen Autorität? Oder aus Gespür für die fundamentale Typenverschiedenheit? Aber das gilt natürlich auch für Wieland, für Herder, dann für Schiller (den er freilich erst einmal über Jahre von sich ferngehalten hat).

Martin Buber hat einmal den Begriff der »Vergegnung« geprägt.[141] Um derlei handelt es sich wohl. Harmonisierungen helfen hier nicht weiter. Ich komme auf die eingangs zitierte Äußerung Goethes gegenüber Charlotte von Stein noch einmal zurück, die Reaktion auf die Nachricht von Lessings Tod. Dreizehn Jahre zuvor, zu Leipzig im Mai 1768, hat Goethe zum ersten Mal einen Besuch bei Lessing geplant; dann hat er ihn weggeschoben. Und jetzt: »Keine viertelstunde vorher eh die Nachricht kam macht ich einen Plan ihn zu besuchen.« Einmal Spekulation: Wenn denn die Begegnung, vielleicht in Braunschweig, zustandegekommen wäre – worüber hätten die beiden eigentlich parlieren mögen?

ANMERKUNGEN

* Texte Goethes werden grundsätzlich nach der ›Frankfurter Ausgabe‹ zitiert: Johann Wolfgang Goethe: Sämtliche Werke. Briefe, Tagebücher und Gespräche. Frankfurter Ausgabe. 40 in 45 Bänden in zwei Abteilungen. Hrsg. v. Friedmar Apel u. a. Frankfurt a. M. 1987 ff. (zitiert als ›Sämtliche Werke. Frankfurter Ausgabe‹). Andere Quellen sind jeweils am Ort angegeben.
Texte Lessings werden grundsätzlich zitiert nach: Werke und Briefe. Hrsg. v. Wilfried Barner in Zusammenarbeit mit Klaus Bohnen u. a. Frankfurt a. M. 1985 ff. (bisher 12 Bände; zitiert als ›Werke und Briefe‹); dort noch nicht Enthaltenes : Sämtliche Schriften. Hrsg. v. Karl Lachmann, 3. auf's neue durchges. u. vermehrte Aufl., besorgt durch Franz Muncker, Bd. 1-22, Stuttgart, (Bd. 12) Leipzig 1886-1924 (zitiert als: ›Lachmann-Muncker‹). weitere Zeugnisse: Richard Daunicht: Lessing im Gespräch. Berichte und Urteile von Freunden und Zeitgenossen. München 1971 (Zitate werden nach den Richtlinien der ›Werke und Briefe‹ behandelt).
Jörg Wesche danke ich herzlich für sachkundige Hilfe bei der Ermittlung und Auswahl der Abbildungen.

1 Lessing weilt dort, wie häufiger von Wolfenbüttel aus, seit dem 28. Januar 1781 bei Freunden.
2 Sämtliche Werke. Frankfurter Ausgabe, Bd. 29, S. 330.
3 Sämtliche Werke. Frankfurter Ausgabe, Bd. 29, S. 339.
4 Wenn es nicht eine vage Verlegenheitsfloskel war – es konnte kaum die Hoffnung auf ein neues Werk sein (nach dem *Nathan*; dazu unten), eher auf den Kritiker Lessing. Im Januar noch hatte Goethe eine – heute verlorene – Entgegnung auf Friedrichs II *De la littérature allemande* verfaßt oder begonnen.
5 Dem Ansatz nach, auch im Begriff der ›Konfiguration‹ (oder auch ›Konstellation‹), auch in der Anlehnung an Pierre Bourdieu (Zur Soziologie der symbolischen Formen. Frankfurt a. M. 1974; Les règles de l'art. Genèse et structure du champs littéraire. Paris 1992), ist dieser Versuch der Studie verwandt, mit der Michael Böhler die Relation zwischen Goethe und Schiller zu bestimmen versucht hat: Geteilte Autorschaft: Goethe und Schiller. Visionen des Dichters, Realitäten des Schreibens, in: Goethe-Jahrbuch 112 (1995), S. 167-181. Die neueste Sammlung mit ›Vergleichsmaterial‹ (ohne Berücksichtigung Lessings): Ludwig Fertig: Goethe und seine Zeitgenossen. Zwischen Annäherung und Rivalität. Frankfurt a. M., Leipzig 1999.
6 So spätestens seit der *Geschichte der poetischen Nationalliteratur der Deutschen* des Georg Gottfried Gervinus (1835-1942); auf dieses wirkungsgeschichtliche Problem wird im folgenden nur am Rande Bezug genommen, etwa bei der These von Julius Petersen (wie Anm. 16).

7 Klopstock besucht ihn auf der Durchreise, Goethe ist damals immerhin schon der Autor des *Götz*. Goethe begleitet dann den *Messias*-Dichter bis nach Darmstadt.

8 Bemerkenswert ist, daß Goethe später die Wirkung des fünfundzwanzig Jahre älteren Kant auf sein eigenes »Alter« konzentriert sieht: »Daß Lessing, Winckelmann und Kant älter waren als ich, und die beiden ersteren auf meine Jugend, der letztere auf mein Alter wirkte, war für mich von großer Bedeutung. Ferner: daß Schiller so viel jünger war [...]« (Am 12. Mai 1825 zu Eckermann: Sämtliche Werke. Frankfurter Ausgabe, Bd. 39, S. 158).

9 Sämtliche Werke. Frankfurter Ausgabe, Bd. 14, S. 358.

10 A. a. O., S. 345 f.

11 Im in die Zeit zwischen 1805 und 1811 zu datierenden Gespräch mit Falk (1824): Sämtliche Werke. Frankfurter Ausgabe, Bd. 33, S. 727 f.

12 Sämtliche Werke. Frankfurter Ausgabe, Bd. 28, S. 183 f. (Orthographie S. 184: »ächten«).

13 Erster nachdrücklicher Hinweis (im Zusammenhang des *Hamlet*) bereits im 5. Stück vom 15. Mai 1767: Werke und Briefe, Bd. 6, S. 207-212, bes. S. 209.

14 Günter Schulz: Lessing und Goethe: Goethe und Lessing, in: Goethe-Jahrbuch 96 (1979), S. 206-220; auch in: Lessing und der Kreis seiner Freunde. Hrsg. v. Günter Schulz. Heidelberg 1985, S. 87-107.

15 Woldemar Freiherr von Biedermann: Goethe und Lessing; in: Goethe Jahrbuch 1 (1880), S. 17-43; auch in: ders.: Goethe-Forschungen. Neue Folge. Leipzig 1886, S. 199-227. Dazu V.[eit] V.[alentin]: Lessing und Goethe, in: Die Grenzboten 39 (1886), S. 324-327. Früh bildet sich eine Diskussion heraus: Paul Stapfer: Goethe et Lessing, in: Revue politique et littéraire 25 (Paris 1880), S. 720-727; J.[akob] Minor: Lessing und Goethe, in: Neue freie Presse (Wien 1881), Nr. 5933 (5.März). Zwei Jahrzehnte später erscheint sogar ein ›Totengespräch‹: Oskar Kanehl: Goethe und Lessing. Ein Gespräch im Himmel, in: Wiecker Bote. Akademische Monatsschrift 1 (1913/14), S. 3-6.

16 Außer den in Anm. 15 Genannten: Agnes Bartscherer: Der junge Goethe und Lessing, in: Dies.: Zur Kenntnis des jungen Goethe. Drei Abhandlungen. Dortmund 1912, S. 132-189; Julius Petersen: Goethe und Lessing. Ansprache zur Eröffnungsfeier des Braunschweiger Goethe-Lessing-Jahres am 20.1.1929, in: Euphorion 30 (1929), S. 175-188; auch in: Ders. Aus der Goethezeit. Leipzig 1932, S. 1-8; Günter Schulz (wie Anm. 14); Horst Steinmetz: Lessing und Goethe, in: Wolfenbütteler Beiträge. Aus den Schätzen der Herzog-August-Bibliothek, Bd. 9. Wiesbaden 1994, S. 153-167; Johannes John: Artikel »Lessing, Gotthold Ephraim (1729-1781)«,

in: Goethe-Handbuch, Bd. 4, 2. Teilbd. Hrsg. v. Hans-Dietrich Dahnke u. Regine Otto. Stuttgart, Weimar 1998, S. 654-658. Umfassend auch zur Einwirkung Lessings auf Goethesche Werke: die in Anm. 46 genannte Arbeit von Wolfgang Albrecht, außerdem die Studien zu einzelnen Werken (wie Anm. 47).

17 Wie Anm. 16 (Lessing als »unsichtbarer Triumvir«: Euphorion-Fassung, S. 185).

18 Dies besonders mit Fragestellungen Bourdieus (wie Anm. 5), aber ohne dessen Terminologie konsequent zu übernehmen.

19 Dazu Wilfried Barner, Gunter E. Grimm, Helmuth Kiesel, Martin Kramer: Lessing. Epoche-Werk-Wirkung. München ⁶1998, S. 94-98.

20 Eine umfassende Untersuchung dieses schwierigen Komplexes (zu dem nach 1945 noch Reserviertheit gegenüber ›nationalen‹ oder ›nationalistischen‹ Tönen verstärkt hinzutreten) steht noch aus.

21 Bezeichnend ist das von Goethe ›dramatisch‹ herausgearbeitete Malheur mit dem Barbier – und das sich anschließende Strafgericht (*Dichtung und Wahrheit*, Zweites Buch: Sämtliche Werke. Frankfurter Ausgabe, Bd. 14, S. 89 f.).

22 In Leipzig »träumte« ihm dann schon von der *Sara* (an Behrisch, 11. November 1767; Sämtliche Werke. Frankfurter Ausgabe, Bd. 28, S. 110); die *Sara* hat Goethe mit Käthchen Schönkopf gesehen!

23 Sämtliche Werke. Frankfurter Ausgabe, Bd. 14, S. 308.

24 Zu dieser Konstellation mit ihren Autoritäten: Verf.: Goethes Bild von der deutschen Literatur der Aufklärung. Zum siebenten Buch von *Dichtung und Wahrheit*, in: Zwischen Aufklärung und Restauration. Sozialer Wandel in der deutschen Literatur (1700-1848). Festschr. f. Wolfgang Martens. Tübingen 1989, S. 283-305.

25 Sämtliche Werke. Frankfurter Ausgabe, Bd. 14, S. 293 f. (das Spiel mit Türen, Requisiten, Gesten ist ganz so stilisiert und trägt somit eine hübsche Gottsched-kritische Pointe).

26 Verf.: »Beredte Empfindungen«. Über die geschichtliche Position der Brieflehre Gellerts, in: »aus der anmuthigen Gelehrsamkeit«. Festschr. f. Dietrich Geyer. Tübingen 1988, S. 7-23.

27 Albrecht Schöne: Über Goethes Brief an Behrisch vom 10. November 1767, in: Festschr. f. Richard Alewyn. Köln, Graz 1967, S. 193-229.

28 Wolfgang Albrecht: Schönheit, Natur, Wahrheit. Einige Hauptaspekte der Ästhetik des jungen Goethe bis 1770 im Verhältnis zu zeitgenössischen Traditionen (Winckelmann, Oeser, Lessing), in: Goethe-Jahrbuch 100 (1983), S. 163-170.

29 Wie Anm. 11.

30 Vom 75. Stück an (19. Januar 1768) in systematischer Darlegung, mit Unterbrechung durch Erörterungen zu Diderot u. a.

31 Hierin zeigt sich eine bezeichnende Parallele zur Bewertung des *Laokoon* (vgl. Anm. 119).
32 Die Zeugnisse, die bis 1751 zurück reichen (etwa Sulzer an Bodmer, 15. Oktober 1751; Daunicht, Lessing im Gespräch, S. 42), betonen zunächst, daß der Criticus »jung« sei, und verraten dann zunehmend Respekt. Besonders eindrucksvoll, wenn auch vielleicht ein wenig übertreibend ist die Äußerung von Johann Wilhelm Ludwig Gleim gegenüber Karl Wilhelm Ramler vom 4. März 1755 (noch vor dem Erfolg der *Sara*): »Sagt Er, die Schrift sei gut, so druckt sie jedermann« (Daunicht, Lessing im Gespräch, S. 80).
33 Verf.: Autorität und Anmaßung. Über Lessings polemische Strategien, vornehmlich im antiquarischen Streit, in: Streitkultur. Strategien des Überzeugens im Werk Lessings. Hrsg. v. Wolfram Mauser u. Günter Saße. Tübingen 1993, S. 15-37.
34 Unten Anm. 125.
35 Sämtliche Werke. Frankfurter Ausgabe, Bd. 14, S. 358 (Achtes Buch).
36 Werke und Briefe, Bd. 5/2, S. 1056-1085.
37 Selbst enge Freunde wie Moses Mendelssohn waren zeitweise über Lessings ›Stil‹ befremdet (Näheres: wie Anm. 33).
38 Sämtliche Werke. Frankfurter Ausgabe, Bd. 28, S. 163.
39 In seinem Essay *Über Lessing* (1796) und dann neuakzentuiert in der großen Lessing-Chrestomathie *Lessings Gedanken und Meinungen aus dessen Schriften* (1804). Die Problemlinie ist besonders stark vertreten in: Lessing – ein unpoetischer Dichter. Dokumente aus drei Jahrhunderten zur Wirkungsgeschichte Lessings in Deutschland. Hrsg. v. Horst Steinmetz. Frankfurt a. M., Bonn 1969.
40 Die regionale Verteilung ist nicht ganz unwichtig. Daß Lessing gerade in Leipzig eine starke Stellung (und einige Freunde) besitzt, hat der junge Goethe früh wahrgenommen.
41 Ilse Graham: Goethe and Lessing. The Wellsprings of Creation. London 1973; Fritz Martini: Die Poetik des Dramas im Sturm und Drang. Versuch einer Zusammenfassung, in: Ders.: Geschichte im Drama – Drama in der Geschichte. Stuttgart 1979, S. 39-79.
42 Dieses Werk, das nach der Uraufführung am 10. Juli 1755 seinen Siegeszug bis nach Wien und in die Schweiz antrat, rückte mehr als ein Jahrzehnt später für den jungen Goethe zunächst hinter *Minna von Barnhelm* und dann definitiv hinter *Emilia Galotti* zurück – wie für die meisten Theaterliebhaber in Deutschland.
43 Sie folgen dort bezeichnenderweise auf Szenen aus Shakespeares *Richard dem Dritten* (den Lessing auch in der *Hamburgischen Dramaturgie* behandelt hatte).

44 Sämtliche Werke. Frankfurter Ausgabe, Bd. 14, S. 307 f. Die spätere Bezeichnung als »ein glänzendes Meteor«: Anm. 134.
45 Brief an Behrisch vom 11. November 1767: Sämtliche Werke. Frankfurter Ausgabe, Bd. 28, S. 110 (voraus geht die Erwähnung, daß ihm »von der Sara« geträumt habe). Goethe hat am 28. November 1767 bei einer Liebhaberaufführung (im Hause Obermann oder Breitkopf) mitgespielt, in der Rolle des Wachtmeisters Werner.
46 Goethe berührt dies selbst in *Dichtung und Wahrheit:* Sämtliche Werke. Frankfurter Ausgabe, Bd. 14, S. 312 f. Hierzu und zu anderen Einflüssen Lessings auf Theatertexte des jungen Goethe: Wolfgang Albrecht: »Wenn ihr Lessing seht, so sagt ihm, daß ich auf ihn gerechnet hätte«. Zur Auseinandersetzung des jungen Goethe mit der Dramatik Lessings, in: Impulse 6 (1983), S. 117-147.
47 Näheres bei Georg Grempler: Goethes *Clavigo*. Erläuterung und literarische Würdigung. Halle 1911, S. 123-127 (und zu *Sara*: S. 151-155); Edward Dvoretzky: Lessingsche Anklänge in Goethes *Clavigo*: ein Prolegomenon zu einer sprachlichen und stilistischen Untersuchung, in: Lessing Yearbook 4 (1972), S. 37-58; Peter J. Burgard: *Emilia Galotti* und *Clavigo*. Werthers Pflichtlektüre und unsere, in: Zs. f. dt. Philologie 104 (1985), S. 481-494; auch Albrecht (wie Anm. 46).
48 Wie Anm. 24, S. 290.
49 Sämtliche Werke. Frankfurter Ausgabe, Bd. 14, S. 307 f.
50 A a. O., S. 345 f.
51 Vgl. die in Anm. 41, 46 und 47 genannten Arbeiten.
52 Überblick in der Darstellung von Martini (wie Anm. 41).
53 Wie Anm. 46.
54 Hinzu kamen die Schweizer Bodmer und Breitinger, die Goethe im Anfangsteil des Siebenten Buchs von *Dichtung und Wahrheit* gleich nach Gottsched nennt (Sämtliche Werke. Frankfurter Ausgabe, Bd. 14, S. 287).
55 A. a. O., S. 345 f.
56 Dies geschieht, mit zum Teil anderen Akzenten, auch etwa schon bei Schulz (wie Anm. 14).
57 Immer noch bester Problemaufriß: Paul Raabe: Lessings letztes Lebensjahrzehnt. Überlegungen zu einer Forschungsaufgabe, in: Humanität und Dialog. Lessing und Mendelssohn in neuer Sicht. Hrsg. v. Ehrhard Bahr. Detroit, München 1982, S. 103-120. Vgl. auch Wolfgang Albrecht: Gotthold Ephraim Lessing. Stuttgart, Weimar 1997, S. 70-73 (mit der neueren Literatur).
58 Verf.: Lessing und die griechische Tragödie, in: Tragödie. Idee und Transformation. Hrsg. v. Hellmut Flashar. Stuttgart u. Leipzig 1997, S. 161-198.

59 Außer dem Alter ist hier auch von Belang, daß Wieland begeistert auf *Emilia Galotti* reagiert hat (»eine Art Huldigungs-Brief«, wie er am 4. Mai 1772 an Gleim formuliert). Der heute verschollene Brief (vgl. Lessing, Werke und Briefe, Bd. 11/2, S. 988) war der erste, den Wieland an Lessing – der sein Frühwerk kritisiert hatte – gerichtet hat.

60 So in einem Brief von Friedrich Heinrich Jacobi an Wilhelm Heinse vom 24. Oktober 1780 (Daunicht, Lessing im Gespräch, S. 523).

61 Karl Lessing fragt, von Berlin aus, den Bruder schon am 21. Oktober 1773 nach dem Stück, zum Teil recht anerkennend und mit Shakespeare vergleichend (Werke und Briefe, Bd. 11/2, S. 590 f.). Lessing reagiert zunächst, wie es scheint, nicht. Am 2. Februar 1774 bestätigt er, hauptsächlich mit der »Orthodoxie« beschäftigt, dem Bruder, daß er mit der Lektüre des *Götz* noch nicht fertig sei (a. a. O., S. 626).

62 Es ist jedenfalls auffällig, daß er trotz der schon begonnenen Lektüre nichts Negatives äußert – was sich angesichts des Namens Goethe nicht von selbst versteht.

63 Werke und Briefe, Bd. 11/2, S. 642.

64 Der genannte Brief des Bruders: Werke und Briefe, Bd. 11/2, S. 638-640.

65 Brief an den Bruder vom 11. November 1774: a. a. O., S. 670-672; hier: S. 671. Der Bruder nimmt das zwei Wochen später, am 26. November, wörtlich auf: »Warum Du nicht mit Göthen einmal anbinden willst, sehe ich nicht ein. Das Theatralische ist Dir zum Ekel geworden? Betrachte es als etwas Kritisches« (a. a. O., S. 671).

66 Brief Lessings vom 11. November 1774 (a. a. O., S. 671); der Bruder nimmt also das Stichwort auf.

67 Daunicht, Lessing im Gespräch, S. 345. Daß »diese Herren [...] die Regeln des Aristoteles lächerlich« machen, berichtet Weiße auch an anderer Stelle aus einem Gespräch mit Lessing: a. a. O., S. 341.

68 A. a. O., S. 357.

69 Im 69. Stück der *Hamburgischen Dramaturgie* vom 29. Dezember 1767: Werke und Briefe, Bd. 6, S. 531.

70 Jerusalem ist in Wolfenbüttel geboren (1747) und arbeitet dort, nach dem Studium der Rechte in Leipzig (wo er Goethe traf) und Göttingen, als Assessor an der Justizkanzlei.

71 Dies hat zweifellos auch den für Lessing charakteristischen Akzent der ›Rettung‹, der Rehabilitation eines Verkannten oder Diskriminierten (Jerusalem galt, erst recht nach dem *Werther*, vielen als Schwärmer und Wirrkopf).

72 Umfangreichere Teile aus dem Bericht des Kammergerichtssekretärs Christian Kestner (später Goethes Freund und Charlotte Buffs Gatte) sind leicht zugänglich u. a. in: Johann Wolfgang Goethe: Die Leiden des jungen

Werthers. Erläuterungen und Dokumente. Hrsg. v. Kurt Rothmann. Stuttgart 1971, S. 91-99.
73 Wir haben keine Anzeichen dafür, daß Lessing sich intensiver um Informationen über die realen Ereignisse in Wetzlar bemüht hätte.
74 So Christian Felix Weiße an Christian Garve, 4. März 1775; Daunicht, Lessing im Gespräch, S. 342.
75 Werke und Briefe, Bd. 11/2, S. 667. Von Eschenburg, der ebenfalls Freund Jerusalems war, hat Lessing den Text des *Werther* erhalten. In dem genannten Brief bedankt er sich.
76 Der hauptsächliche Problempunkt, der spätestens seit Petrarca immer wieder die Debatte auslöst, ist in der Regel – und in Lessings Verteidigung des Horaz – die Erotik.
77 Bezeichnend etwa die Formulierung des Bruders Karl in einem Brief aus Berlin vom 4. Juli 1776, wo er »Lenzen oder einen anderen Göthianer« erwähnt (Werke und Briefe, Bd. 11/2, S. 796). In einem Brief bald darauf, am 2. August 1776, unterscheidet er angesichts von Klingers *Die Zwillinge* zwischen dem »Göthianischen« und dem »Göthischen, Leisten« (a. a. O., S. 809).
78 Es ist von eigenem Reiz, sich vorzustellen, daß er mit moralistischer *Werther*-Kritik in die Nähe des Hamburger Hauptpastors Johann Melchior Goeze gerückt wäre, der ja noch 1775 mit einer vehementen Protestschrift gegen das Goethesche Opus – das schon so viel Resonanz gefunden hatte – auftrat (*Kurze aber notwendige Erinnerungen über die Leiden des jungen Werthers* […]. Hamburg 1775).
79 Die knappe Skizze zu einer ersten Szene, im Nachlaß erhalten (abgedruckt in der Ausgabe von Lachmann-Muncker, Bd. 3, S. 472 f.), schildert in wenigen Sätzen den nachts keine Ruhe findenden Werther. Daß Nicolai von diesem Versuch wußte, läßt sich nicht belegen. Er berichtet jedoch später (1797), daß Lessing plante, »*Wertherische Briefe* herauszugeben« (Daunicht, Lessing im Gespräch, S. 350).
80 Außer den früher genannten Überblicken (s. Anm. 14, 15, 16, 41, 46) vgl. u.a. Leonard Forster: Werther's Reading of *Emilia Galotti*, in: Publications of the English Goethe Society, N.S. 27 (1958), S. 33-45; Ilse Appelbaum-Graham: Minds without Medium. Reflections on *Emilia Galotti* and *Werthers Leiden*, in: Euphorion 56 (1962), S. 3-24; Edward Dvoretzky: Goethe's *Werther* and Lessing's *Emilia Galotti*, in: German Life and Letters, N.S. 16 (1962/63), S. 23-26; Erwin Leibfried: Goethes Werther als Leser von Lessings *Emilia Galotti*, in: Text – Leser – Bedeutung. Untersuchungen zur Interaktion von Text und Leser. Hrsg. v. Herbert Grabes. Grossen-Linden 1977, S. 145-156; Bruce Duncan: »Emilia Galotti lag auf dem Pult aufgeschlagen«. Werther as (mis-)reader, in: Goethe Yearbook 1 (1982), S. 42-50.

81 In der Szene V 7 lassen sowohl die Selbstbezichtigungen Emilias und die Befürchtungen Odoardos als auch das Spiel mit »Haarnadel« und »Dolch« Spielraum für vielerlei Deutungen (in der Geschichte der Inszenierungen eine der ›offensten‹ Partien).
82 Vgl. Anm. 72.
83 So im Brief an den Bruder Karl vom 11. November 1774: Werke und Briefe, Bd. 11/2, S. 671.
84 Sämtliche Werke. Frankfurter Ausgabe, Bd. 28, S. 356. Hierzu insbesondere die in Anm. 46 genannte Studie von Wolfgang Albrecht.
85 Daunicht, Lessing im Gespräch, S. 342. Denkt man an Goethes eigene Einschätzung des Klotz-Streits und vor allem der Rolle Lessings darin, so ist diese Äußerung von besonderer Ironie. Vgl. Anm. 35 und 38.
86 Dazu unten Anm. 140.
87 Vgl. etwa den Überblick von Fritz Martini (wie Anm. 41).
88 Sämtliche Werke. Frankfurter Ausgabe, Bd. 14, S. 619.
89 Verf.: ›Zu viel Thränen‹ – ›nur Keime von Thränen‹. Über *Miß Sara Sampson* und *Emilia Galotti* beim zeitgenössischen Publikum, in: Das weinende Saeculum. Hrsg. v. Rainer Gruenter u. Heinke Wunderlich. Heidelberg 1983, S. 153-172 (dort Details und Nachweise).
90 So der begeisterte Freund Johann Arnold Ebert am 14. März 1772 (Werke und Briefe, Bd. 11/2, S. 377) im Anschluß an die Uraufführung in Braunschweig (bei der Lessing gefehlt hatte).
91 Für den größeren ›Produktionszusammenhang‹ auch hier die in Anm. 46 genannte Arbeit von Wolfgang Albrecht.
92 Sämtliche Werke. Frankfurter Ausgabe, Bd. 14, S. 619: »wo die Leidenschaften und ränkevollen Verhältnisse der höheren Regionen schneidend und bitter geschildert sind«. Von den »Piquen auf die Fürsten« spricht er später, am 7. Februar 1827, gegenüber Eckermann (wie Anm. 8, S. 235).
93 Sämtliche Werke. Frankfurter Ausgabe, Bd. 28, S. 258 (voraus geht notabene ein analoger Einwand gegenüber dem *Götz*).
94 Gotthold Ephraim Lessing: Emilia Galotti. Erläuterungen und Dokumente. Hrsg. v. Jan-Dirk Müller. Stuttgart 1971, S. 73 (in diesem Bändchen auch zahlreiche weitere Rezeptionszeugnisse: S. 51-90).
95 Der Adressat Herder ist mit zu bedenken. Er bildet für Goethe (und seine »Mitbrüder«) zeitweise eine erklärende ›Mittler‹-Gestalt gegenüber der älteren Autorität. Goethe wußte natürlich auch von Herders persönlichen Kontakten zu Lessing.
96 Werke und Briefe, Bd. 11/1, S. 79f.
97 Für das Folgende verweise ich auf die Überblickskommentare zu Lessings *Faust*-Projekt von Gunter Grimm: Werke und Briefe, Bd. 4, S. 822-832.

98 Sie reicht, was die *Faust*-Überlieferung angeht, bis in die erste Leipziger Zeit zurück, wie vor allem zwei Stellen in *Der junge Gelehrte* zeigen (Werke und Briefe, Bd. 1, S. 142 und 160).
99 Werke und Briefe, Bd. 4. S. 499-501, dazu der *Faust*-Entwurf S. 59-63. Zur Deutung des Textes jetzt das einschlägige Kapitel in: Frank Möbus: Von ›Faust‹ zu Faust. Über Wechselspiele zwischen Fiktion und Faktizität seit der *Historia von D. Johann Fausten (1587)* (Göttinger Habilitationsschrift, erscheint voraussichtlich 2001). Guter Überblick über die ältere Sekundärliteratur bei Günter Mahal: Lessings Faust: Planen, Ringen, Scheitern, in: Faust-Blätter. Archiv-Nachrichten. N.F. H. 11/1972, S. 525-551. Zum ›polemischen‹ Aspekt neudings Erwin Neumann: »Meinen *Faust* holt der Teufel, ich aber will Goethe's seinen holen«. Lessings 17. *Literaturbrief* und seine *Faust*-Pläne. Zur Doppelstrategie seiner Polemik gegen Gottsched und Goethe in epistularischer und dramatischer Form, in: Streitkultur, hrsg. v. Mauser u. Saße (wie Anm. 33), S. 401-409.
100 Mit welchen Absichten und Tendenzen diese ›Wiederaufnahme‹ verbunden war, läßt sich nicht mehr näher erschließen. Lessings ›zweite‹ Fassung, die der Bruder Karl 1786 im *Theatralischen Nachlaß* erwähnt (die entscheidende Partie ist zitiert in: Werke und Briefe, Bd. 4, S. 836f.), ist schon bald zusammen mit anderen Manuskripten in der ominösen, aus Dresden über Leipzig nach Wolfenbüttel gesandten »Kiste« verlorengegangen (a.a.O., S. 837).
101 Johann Wolfgang Goethe: Faust. Kommentare v. Albrecht Schöne. Frankfurt a. M. [4]1999, S. 827: »Diese *Frühe Fassung* ist keineswegs identisch mit Goethes Ur-Manuskript, von dem nur geringe Reste erhalten blieben. Wohl aber erlaubt sie Rückschlüsse auf diese Vorlage und also auf das, was der Autor im Kreis von Freunden und am Weimarer Hofe daraus vorgelesen oder darüber berichtet hat.«
102 Der Bericht Friedrich (Maler) Müllers von seinem Mannheimer Treffen mit Lessing im Jahre 1777 ist abgedruckt in: (Lessing:) Werke und Briefe, Bd. 4, S. 833-835.
103 So der Wiener Schauspieler Johann Heinrich Friedrich Müller, dem Engel im Oktober 1776 in Wien über Lessings Stück berichtet haben soll: (Daunicht, Lessing im Gespräch, S. 389). Auf die Wortwahl »holen«, die zugleich eine Anspielung darstellen soll, gehe ich hier nicht weiter ein.
104 Engel, Professor am Joachimsthalschen Gymnasium in Berlin, selbst auch Dramenautor, ist ›vom Fach‹ und insofern ein besonders kompetenter Diskussionspartner für Lessing. Es haben offenbar mehrere Gespräche über das *Faust*-Vorhaben stattgefunden. Den ausführlichsten erhaltenen, bemerkenswert detaillierten Bericht gibt er in einem Brief an Karl

Gotthelf Lessing (Berlin, um 1785); Daunicht, Lessing im Gespräch, S. 387-389 (Karl hat speziell nach dem *D. Faust* gefragt).

105 In Nicolai wird vor allem der Vielschreiber (besonders von Reiseberichten) und der Berliner Popularaufklärer anvisiert. Der vor einem halben Jahrzehnt schon verstorbene Lessing erscheint nur in vorsichtigen Bezugnahmen auf einzelne seiner großen Werke (*Emilia Galotti, Hamburgische Dramaturgie, Nathan der Weise*).

106 *Weimarisches Hoftheater* (1802); das Zitat: Sämtliche Werke. Frankfurter Ausgabe, Bd. 18, S. 844. Goethes weitere Argumentation betont die Notwendigkeit, das Stück zu bearbeiten (»es poetisch so viel wie möglich zu restaurieren und zu runden«), schätzt es aber als einen Gewinn für das Theater ein. In *Dichtung und Wahrheit* spricht er dann sogar von »einer heiteren Naivetät« des *Nathan* (Sämtliche Werke. Frankfurter Ausgabe, Bd. 14, S. 295).

107 Schiller hat vor allem gekürzt und dabei charakteristische Vieldeutigkeiten des Lessingschen Textes eliminiert. Selbst Goethe konzediert, daß das Stück dadurch »gelitten« habe (doch sei »eine gedrängtere Darstellung« erreicht worden): Sämtliche Werke. Frankfurter Ausgabe, Bd. 18, S. 845.

108 Sämtliche Werke. Hrsg. v. Gerhard Fricke u. Herbert G. Göpfert, Bd. 16. München 1966, S. 147 (Fußnote zur Erörterung der Differenz von Tragödie und Komödie).

109 Sämtliche Werke. Frankfurter Ausgabe, Bd. 19, S. 682.

110 Schlüsselpublikation: Das Buch des Goethe-Lessing-Jahres. O.O. 1929 (ohne Herausgeber, eröffnet mit einer Grußadresse des Reichspräsidenten von Hindenburg, mit Äußerungen prominenter Schriftsteller, historischen Artikeln und weiteren »Beiträgen zu der Uraufführung des Faust und dem Werk Lessings«).

111 Lessing hat sich bekanntermaßen selbst skeptisch geäußert, ob sich ein Theater zur Aufführung finden werde (gegenüber seinem Bruder Karl am 18. April 1779: Werke und Briefe, Bd. 12, S. 247); die Uraufführung (am 14. April 1783 in Berlin) hat er nicht mehr erlebt. An der Tatsache, daß *Faust I* erst am 19. Januar 1829 in Braunschweig uraufgeführt wurde, trägt ebenso bekanntermaßen Goethes Zögern seinen Anteil; vgl. nur den Abschnitt »Selbstzensur« bei Albrecht Schöne (wie Anm. 101), S. 117-129.

112 Ihnen als ›Modellen‹ für Klassikerpflege – im größeren Kontext – genauer nachzugehen, würde eine Studie lohnen.

113 Von besonderem Interesse sind dabei Stereotype, die sich bereits zu Lebzeiten Lessings herauszubilden beginnen und die von Goethe aufgenommen und auch modifiziert werden, wie das des »Manns«, des »Kämpfers« (vgl. unten Anm. 138).

114 Wichtige Ansätze aber etwa schon in dem Überblick von Steinmetz (wie Anm. 16).
115 Am schlagendsten demonstriert dies die mühevolle Pionierarbeit von Daunicht, Lessing im Gespräch.
116 Sämtliche Werke. Frankfurter Ausgabe, Bd. 14, S. 295; dazu der in Anm. 24 genannte Aufsatz.
117 Sämtliche Werke. Frankfurter Ausgabe, Bd. 14, S. 13.
118 A. a. O., S. 307 f. Hier mischen sich vermutlich Berichte Dritter, die Goethe zur Kenntnis kamen, mit Extrapolationen aus Lessings Stücken (etwa *Miß Sara Sampson* und besonders *Minna von Barnhelm*).
119 So in dem Aufsatz *Über Laokoon* (1798), wo Goethe den direkten Vergleich zwischen der *Aeneis*-Partie mit dem »geschlossenste[n] Musterwerk der Bildhauerkunst« als »höchst ungerecht« einstufte (Sämtliche Werke. Frankfurter Ausgabe, Bd. 18, S. 499). Andererseits hat Goethe wiederholt anerkannt, daß Lessing ihn in der Beschäftigung mit der »Kunst« gefördert habe, nicht zuletzt durch die Auseinandersetzung mit Winckelmann.
120 Das von Goethe anerkannte »Bahnbrechende« (vgl. Anm. 11) ist als ›temporär‹, zeitgebunden gemeint; Lessings Postulate zum neuen (›bürgerlichen‹) Trauerspiel akzeptiert Goethe durchaus nicht.
121 Das gilt naturgemäß für die frühen Goethe-Bilder, in die jeweils auch Elemente eines Lessing-Bildes eingearbeitet sind (noch ›prägender‹ freilich solche eines Schiller-Bildes); zu diesen Prozessen detailliert und übersichtlich Karl Robert Mandelkow: Goethe in Deutschland. Rezeptionsgeschichte eines Klassikers. Bd. I: 1773-1918. München 1980, S. 19-84 und S. 85-159.
122 Die folgenden Angaben nach Carl August Hugo Burkhardt: Das Repertoire des Weimarischen Theaters unter Goethes Leitung 1791-1817. Hamburg, Leipzig 1891. Neuerer Überblick über Goethes »Prinzipien der Repertoiregestaltung« bei Jutta Lindner: Ästhetische Erziehung. Goethe und das Weimarer Hoftheater. Bonn 1990, S. 59-71.
123 Es sind die drei noch heute ›etabliertesten‹ Stücke *Minna von Barnhelm*, *Emilia Galotti* und *Nathan der Weise* (nicht etwa auch *Miß Sara Sampson* oder gar der Einakter *Philotas*) und – zweimal – *Der Schatz*.
124 Dazu Verf.: Goethe und Schiller (erscheint in: Johann Wolfgang von Goethe zum 250. Geburtstag. Vorträge im Frankfurter Römer. Hrsg. v. Jean-Marie Valentin. Paris 2000 (Etudes Germaniques, Numéro Hors série), S. 75-91.
125 Sämtliche Werke. Frankfurter Ausgabe, Bd. 38, S. 387. Daß hier die »Philologen« hervorgehoben werden, geht sicher auch auf den Gesprächspartner Riemer zurück.

126 Sämtliche Werke. Frankfurter Ausgabe, Bd. 39, S. 242.
127 Am 11. April 1827: ebda.
128 Vgl. die betreffenden Einzelstudien in dem neuesten Versuch von Fertig (wie in Anm. 5).
129 Wieder zu Eckermann, am 7. Februar 1827: Sämtliche Werke. Frankfurter Ausgabe, Bd. 39, S. 235.
130 Ebda.
131 Dies beginnt beim frühen Eingeständnis der Notwendigkeit von »Brotarbeit« und äußert sich – auf neuem Niveau – noch im resignativen Schluß der *Hamburgischen Dramaturgie*.
132 Vgl. exemplarisch den Überblick bei Ivan Nagel: Aufklärung über das »aufgeklärte Bürgertum«. Kortner inszenierte Lessings *Emilia Galotti* in der Wiener Josefstadt, in: Theater heute 6/ 1970, S. 33-37.
133 Sämtliche Werke. Frankfurter Ausgabe, Bd. 38, S. 246.
134 Sämtliche Werke. Frankfurter Ausgabe, Bd. 39, S. 475.
135 Weimarer Ausgabe, Bd. 36, S. 388 (aus den »Tag- und Jahresheften«, Lesarten). Die Akzentuierung: »als ein bedeutendes, aber unerfreuliches Meteor eines neuen Literatur-Himmels«.
136 Wie Anm. 133.
137 Im Gespräch mit Eckermann am 15. Oktober 1825: Sämtliche Werke. Frankfurter Ausgabe, Bd. 39, S. 162. Mit dem Satz »Ein Mann wie Lessing täte uns not« operierten im Lessingjahr 1979 die Würdigungsreden von Bundespräsident Walter Scheel, Jean Amery u. a. Vgl. auch: Insel Almanach auf das Jahr 1979. »Ein Mann wie Lessing täte uns not«. Hrsg. v. Horst Günther. Frankfurt a. M. 1978.
138 Jürgen Schröder: Der »Kämpfer« Lessing. Zur Geschichte einer Metapher im 19. Jahrhundert, in: Das Bild Lessings in der Geschichte. Hrsg. v. Herbert G. Göpfert. Heidelberg 1981, S. 93-114.
139 Wie Anm. 137.
140 Zur Orientierung vgl. Reinhart Koselleck: Vergangene Zukunft. Zur Semantik geschichtlicher Zeiten. Frankfurt a.M. 1989, S. 63 ff. und S. 199 ff.
141 Nach Ernst Simon: Entscheidung zum Judentum. Frankfurt a.M. 1980, S. 265.